反包策略

小圈圈儿 ◎ 著

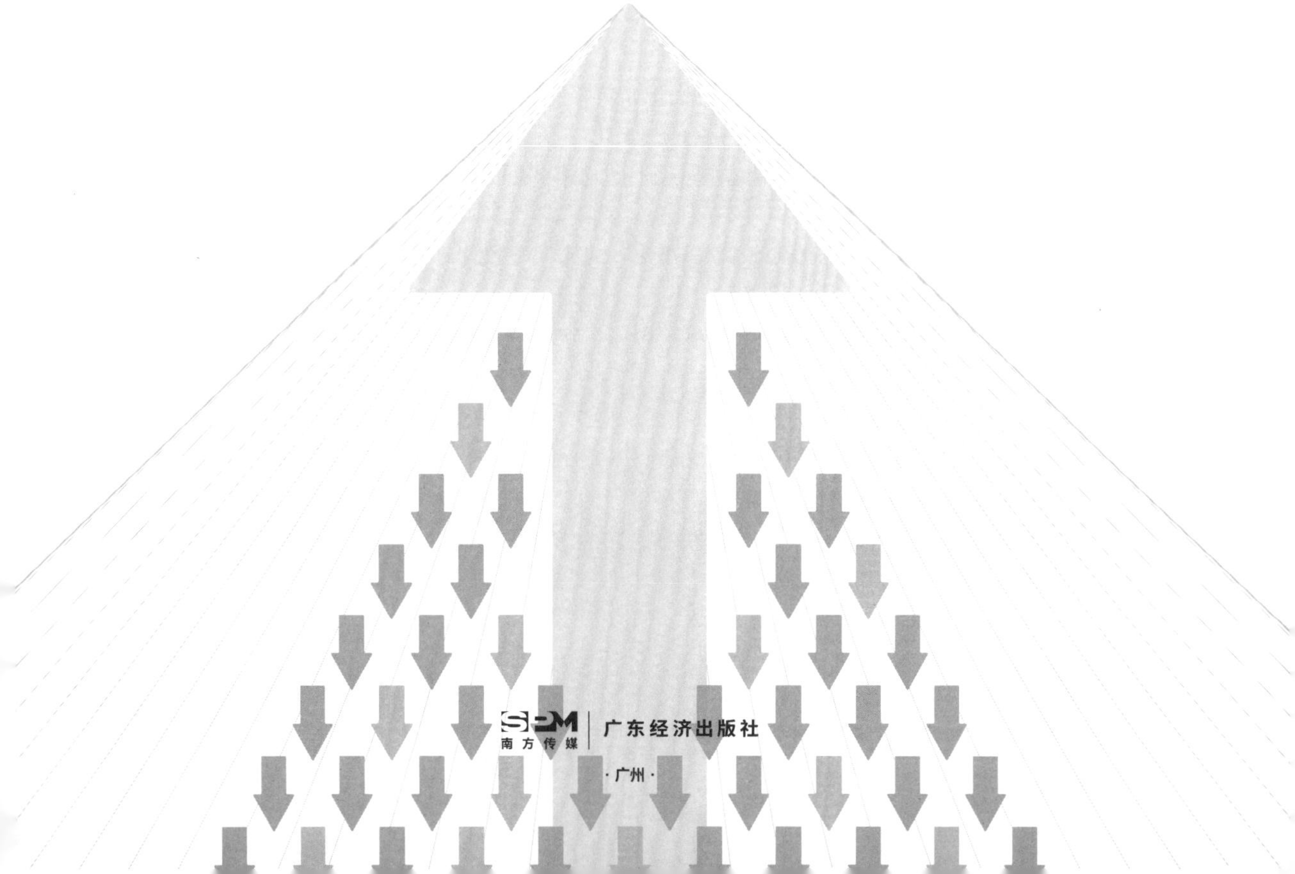

SPM 南方传媒 | 广东经济出版社
·广州·

图书在版编目（CIP）数据

反包策略 / 小圈圈儿著. — 广州：广东经济出版社，2025. 6. --ISBN 978-7-5454-9682-6

Ⅰ. F830. 91

中国国家版本馆 CIP 数据核字第 20256LV959 号

责任编辑：周伊凌
责任校对：李玉娴
责任技编：陆俊帆

反包策略
FANBAO CELÜE

出 版 人：刘卫平
发　　行：广东经济出版社（广州市水荫路 11 号 11 ～ 12 楼）
印　　刷：广东鹏腾宇文化创新有限公司
（珠海市高新区唐家湾镇科技九路 88 号 10 栋）

开　　本：	889 毫米×1194 毫米 1/16	**印　　张**：	13. 25
版　　次：	2025 年 6 月第 1 版	**印　　次**：	2025 年 6 月第 1 次
书　　号：	ISBN 978-7-5454-9682-6	**字　　数**：	150 千字
定　　价：	68. 00 元		

发行电话：（020） 87393830
编辑邮箱：gdjjcbstg@ 163. com
如发现印装质量问题，请与本社联系，本社负责调换

贝果投资

/ 在 不 确 定 中 寻 找 确 定 /

前　言

鲁迅先生曾说："贪安稳就没有自由，要自由就要历些危险。只有这两条路。"这话是鲁迅先生在《老调子已经唱完——二月十九日在香港青年会讲》中提过的。这本书是我的第一部作品，我想用这句话作为开场白。我觉得交易者从交易的那一刻起就是想要自由并且会经历一些危（风）险的。我酷爱鲁迅先生的书，后来爱屋及乌，读了其弟弟周作人的作品《知堂回想录》，才知道这句话是鲁迅先生引用的，因为鲁迅先生更出名一些，大多世人把它当成了鲁迅先生的原创。今天我用这话，也算词能达意。若本书的出版，能让那些身陷交易混沌的人憬然有悟，也是我人生的一大快事。

现代股市源于 1602 年的荷兰，自诞生以来，股市里就没有一项秘密是不为人知的，现代股市上常用的一些操作手段，在 400 多年前的荷兰股市里就常被使用。例如暴力洗盘就是主力集中筹码故意砸盘，引发股市恐慌，诱导股民低价抛售股票；还有常见的坐庄行为——主力在一段时间内囤积股票收集筹码，造成供不应求的假象，再拉升股价，高位抛售套利。因此，世人都说股市是一个没有硝烟的战场。莎士比亚的喜剧《威尼斯商人》描写的就是文艺复兴时期商业资本家与银行资本家之间的冲突。不得不说，荷兰人将银行、保险、信贷和证券交易等商业金融体系关联起来，对发展和完善资本主义制度做出了巨大贡献。

大部分散户是市场信心的力量因子，市场带给我们最多的是悲喜交替的情绪，而且特别鲜活，有时让人热血沸腾，有时又让人心灰意冷。应该把那些经常评论市场的观察员或者大V（拥有大量粉丝的公众人物）全拉到股市里来实践炒股，并且不允许他们评论，这样的话，某同志就不会在自己多年宣传的“婴儿底”中退休了。我也只是吐槽一下，估计有心的人又要去猜测我说的是谁了，反正你们都知道，我也不便多说什么了。对于大部分散户而言，在股市上亏损的主要原因：一是频繁交易，没有任何模式，漫无目的地追高、补仓和割肉，一顿操作猛如虎，对市场上的赚钱行为有误解；二是不懂得拥抱核心主力，市场上有新一代的短线高手、技术卓越的游资大佬，还有一腔热血的散户们，他们各自为政，各自的操作模式、理念、目标也不一样，但这都不是重点，重点是大部分散户跟踪不了机构资金的去向。主力资金也就是机构资金，它才是这个市场上最一流、最正规的部队，能引领一方市场，掌握着题材轮动的资金命脉，是A股市场政策的先行者、行情的发动者、市场合力的拥抱者。目前，A股市场交易模式已从普通的打板战法、龙头战法，切换到反包战法。这是A股投资机构、游资和散户一致的选择，越来越多的交易者不再执着于以打板的方式获取涨停板，反包战法悄然兴起。作为一名新生代的职业交易者，2021年我偶然接触了自媒体，并在抖音平台持续走出热度，至今开了超过 1000 场次的直播，有很多粉丝要我推荐一本能敲开交易之门的书。基于这个出发点，我写了这本书。我将从市场深层次的规律切入，由点及面，从局部到整体，对大盘、情绪、周期、资金与博弈的本质做深入分析，把我的交易理念融入市场，层层递进，最后化繁为简，让你无限贴近主力思维，开启一条自律、专业的交易之路。

目　录

CONTENTS

反包策略

第一章

认识交易的本质

第一节 股市亘古不变的本质

上证指数从 2021 年的 3731.69 点波动到 2024 年初的 2635.09 点，这几年的市场行情普遍下滑。若按过去很多有效的趋势交易模式进行交易，在这 3 年中不仅难赚钱，甚至还可能会亏大钱。这几年，大的行情趋势都是向下的，行业板块没有普涨效应。市场本身不创造价值，只有交易利益的重新分配，交易本身也只是资金的博弈之术。在这个存量资金有限的市场中，僧多粥少，职业交易者们也不可能等牛市来了再操作。

（一）A 股又称政策市

中国股市是中国特色社会主义市场经济体制的重要组成部分，国有资产占据很大的比例。这意味着国家的宏观政策对这些公司的经营活动有着直接的影响，政府既是市场经济的参与者，又是资本市场的监管者。A 股诞生之初很大程度上是为了解决国有企业的融资困境，是计划经济向市场经济转型的产物。这注定了中国股市有先天性的政策色彩，所以仅仅靠国外理论上的投资原则和纯粹的技术分析是很难获取收益的。政策的本质是调控，在股市低迷的时候，上层出台利好政策或者措施，推动股市健康发展；在股价持续上涨时，因担心市场形成泡沫和出现金融风险，上层会出台政策进行调控。

中国股市牛市都有政策的影子：

1996 年，政府货币政策由收紧转为全面宽松和降息，引发第一场持续五年的牛市。

1999 年，政府出台“国六条”及后续一系列相关措施，大力发展资本市场，引发了持续两年的牛市。

2005 年，政府推进股份制改革和人民币汇率形成机制改革，引发了持续两年的牛市，2007 年上证指数一度上涨到 6124 点。

2014 年，我国央行实施降准和降息政策，证监会接连发声，助力股市上行，引发了持续两年的牛市。

……

在 A 股市场交易一定要关注国家的政策导向，特别是经济大政，市场的炒作方向必须与国家大政策相符，这是所有主力的核心理念。政策也是分级别的，什么是高级别的政策？就是国家层面高度重视的、管理层面需要资本市场配合的政策，经济大政不能泛泛而谈。

对于什么是泛泛而谈，我举个例子：

2024 年中央一号文件强调了几个关键点，其中有下面两个。

第一，推进农村移风易俗。文件中提出，持续推进农村的高额彩礼、大操大办等突出问题的综合治理，鼓励通过村民自治、村规民约等方式，降低农村人情负担，提倡文明新风。

第二，确保国家粮食安全。强调抓好粮食和重要农产品的生产，实施粮食单产提升工程，集成推广良田良种良机良法，巩固大豆扩种成果，适当提高小麦最低收购价，合理确定稻谷最低收购价，扩大农业保险覆盖范围，加大产粮大县支持力度。

很多交易者喜欢在中央一号文件下发之时，去炒农业、农机板块的股票，他们的问题就出在把常规的政策和特别的政策混淆。

与西方国家相比，不同的政治和经济制度决定了中国股市自身的特色——中国股市自带比较浓厚的政治色彩，不完全遵循市场内在的运行规律。因此，判断 A 股市场的涨跌既要看市场因素，又要看政策方向，一定要讲政治。有的人可能会问："我又不从政，我为什么要讲政治?"他们认为这个想法有些荒唐。但是作为一个股市参与者，想要在市场交易中获得成功，首先要全面了解所参与的市场本质上的特点，讲政治只是一个大前提，是干事创业的基本原则。

所以，我在市场上一直遵循以下基本原则。

第一，讲政治，看政策。首先用政治眼光审视股票市场，抓住市场上出现的重大政策变化。A 股无法完全脱离政治和政策，这就意味着 A 股市场一旦出现暴涨暴跌，就是有重要力量在左右市场的走势，所以要保持高度的政治敏锐性，抓住国内战略性的投资机会。

第二，抓住大机会中的大行情。密切关注国家层面发布的重大消息和政策，关注国家重点发展的行业就是关注主力资金重点布局的行业，比如近几年的大科技，就是股市里极为重要的板块。国家对科技发展的支持表现在多个方面，包括政策支持、资金投入、创新体制建设以及国际合作等，国内“卡脖子”的技术，比如光刻机，都是国家政治层面的重点战略方向。这些机会是很容易把握的。

第三，绝不染指垃圾股。这是选股最基本的原则之一。很多垃圾股即使在大牛市也可能没有表现机会。说得再直白一些，就算被其他股票套牢，也有“翻身农奴把歌唱”的日子，但如果你一直持有垃圾股，不怕它们退市吗？

交易者总是希望能够在纷繁杂乱的市场中找到确定的方法、模式或技巧，让自己的交易“百战百胜”，而现实总是会将这种“希望”打得粉碎。造成这种困境的原因，是很多交易者对大的政策、题材、行业背景等理解不深刻。我们要从以下几个方面来把握政策、消息和行业情况。

第一，货币政策的宽松性。

股市的上涨是一种复杂的现象，受很多因素的综合影响。首先，宏观经济的良好发展是推动股市上涨的重要力量，当经济稳定增长、就业状态改善、企业盈利增加时，投资者对市场的信心就会提升，会促进资金流入股市，推动股市的上涨。宽松的货币政策是股市大幅上涨的一个关键因素，当央行降低利率、增加货币供应量时，资金的成本降低，会导致更多的资金流入股市寻求更高的回报。比如 2024 年 9 月 24 日，三大金融部门齐聚，增量政策集中出台，央行行长、金融监管总局局长、证监会主席同场出席发布会，这样规格的发布会并不多见。会议先后预告了降准、降息、下调存量房贷利率、统一最低首付比、延长两项地产金融政策文件期限、创设证券基金保险公司互换便利、创设股票回购、增持再贷款、对六家大型商业银行增加核心一级资本、支持其他符合条件的保险机构设立私募证券投资基金、印发《关于推动中长期资金入市的指导意见》等政策。会后，A 股迎来大涨。

第二，题材的重要性、新颖性。

题材内部的炒作，离不开利好的深度发酵。游资大佬赵老哥曾说，新题材就是印钞机。新题材就是指那些在市场上没有经过炒作、没有被深度挖掘的题材。利好是来自国家某些部门或者某些部门重要领导人物的强调。如果题材兼具重要性和新颖性，就要引起重视。比如 2024 年李强总理在作政府工作报告时强调“大力推进现代化产业体系建设，加快发展新质生产力”，会后全国上下落实部署，新质生产力这个题材就充分体现了重要性，举全国之力推动实施，也具有新颖性。主力资金由此对低空经济、商业航天、智能驾驶等行业展开炒作。

第三，行业发展具有巨大商机。

能对人类未来生活与发展产生影响的新技术，肯定不是小技术和小创新，而是具有前沿性的高科技，具有核心主导地位，一定蕴含着实现商业化的巨大机会。比如人形机器人、人工智能，它们的发展都有着巨大的商机，资本市场肯定会借之逐利炒作。

（二）交易者互为对手盘

在股市，交易者互为对手盘是指交易者在进行股票买卖时，他们的交易行为是相互对立的，也就是说你买入股票，就必须有人卖出股票。这种交易关系使得市场上的买卖双方相互依存，形成了一个动态平衡的市场。在市场里你能赚大钱的方法建立在某个群体的错误之上，要赚钱就必须有亏钱的对手盘，所以股市里长期允许不同声音存在，互为对手盘，同一时间有人看多，有人看空，都是很正常的事情。换句话说，股市里赚钱的核心就是找到市场中犯大错的那群人，然后站在他们的对立面。一个存量的市场，在波动的行情中注定是不存在双赢的。

股票市场从交易模式上来说，有两种制度：一种是做市商制度，另一种是撮合交易制度。

什么是做市商制度？比如我开一个麻将馆，别人过来玩，可以来一个人，来十个人也行，对资金和人数没有要求。所有人都在和麻将馆做对赌，有看多的，也有看空的。做市商就相当于麻将机，它是发牌者，多头和空头就相当于打麻将的人。

A 股的交易制度是撮合交易制度，意味着买卖双方直接成交，这种制度确保了只有在买家和卖家都愿意交易的情况下，交易才能成立。具体来说，A 股的撮合交易制度具有以下几个特点。

1. 买卖匹配

在撮合交易中，买卖双方直接成交，只要有充足的资金就可以推高股价，有充足的筹码就能打压股价，这表明股票的价格不是直接由基本面决定的，而是由交易和成交形成的。基于这个买卖匹配原则，我们不难理解股票低位上涨、高位下跌的原理，撮合制下所有的上涨都是为了兑现利润。

2. 保持市场动态平衡

资金和筹码的流通对股价有直接影响。有多少资金流入，就对应有多少资金流出，这保持了市场的平衡。

3. 反映市场真实需求

成交量是撮合制交易中一个重要的指标，因为它不会骗人。即使股价可以通过对倒的方式来实现抬高，但缩量是无法通过对倒达成的，因为只要有对倒就会有成交量，从而反映市场的真实性需求。

4. 存在挂单情况

在任何时候，无论是买卖五档还是更多档位，都会有人挂单，不要觉得奇怪，大部分股票股价都精确到分，换句话说，就是按当前股价一分钱一个档位，上下挂几十档，股价非常连贯丝滑。再看看美股和港股，却没有这种现象，很多档位都是不连贯、不连续的。挂这些单子的有一个团队叫市值管理团队，是专门提高 A 股流通性，让股民进出顺畅的，这是证监会允许的。了解了这些，我们进入重点。试想一下，组团队需不需要人？需要人就要花钱，在市场里挂单买筹码也需要花钱，这些钱从哪里来呢？一部分是团队的自有资金，另一部分是融资资金，是需要支付利息的，想要维持团队也是需要赚钱的，低买拉升高卖，才能维持收支平衡乃至赚钱。股市里一赢二平七亏，主力在大部分时间里是赢家。

无论交易市场和交易规则如何演变，参与博弈的资金，互为对手盘，都想在对方进场之前获取更多的筹码，又想在暴力拉升之后，浑然不觉地把底部大量的获利丰厚的高价筹码交换到对方手中，体现在个股上就是很多高位股在见顶阶段会出现大换手率和天量，也有天量天价的说法。很多喜欢关注龙虎榜的朋友，往往会在个股高位的时候，看到“拉萨军团”在排队接货，非要去赚最后一个铜板。所谓高光时刻其实是盛极必衰，顺应自然法则，肯定是有些道理的。所以要想在交易上取得成功，在认知上肯定要与众不同，但大多数散户都被牵着鼻子走，只要涨了都觉得好。

第二节 认识交易

（一）交易是自由的

亚历山大·埃尔德在《以交易为生》中提到，交易者十分自由，他可以在全球任何一个地方生活、工作，可以对日常事务充耳不闻，可以不理会任何人。这是交易比较具有魅力的地方，所以交易也是很多人渴望的工作。

对自由的追求，是人类永恒的向往。交易者无疑是自由的职业，除了遵守市场本身最简单、宽泛的规则外，在自己的账户内，你几乎拥有最大的自由和自主权。你想交易就交易，想休息就休息，想买什么就买什么，想什么时候买就什么时候买，没有人干涉你、限制你或者改变你。在你的账户内，你高高在上，是说一不二、唯我独尊的国王。所以交易者这个自由的职业，极大地满足了人类自我支配、不受约束的天性。然而，交易本身恰恰又最需要规则和纪律约束，是最需要无条件执行规则与遵守纪律的。

你小时候有父母管，在学校有老师管，工作后有领导管。他们会帮助你避开一些盲目的错误行为，引导你做出正确有效的决策，而在交易世界里，没有人管你，除了你自己，所以交易就有了两面性：一面是向往自由的人类天性，一面是想要交易成功需要自我克制的理性。这就像天平，要时刻保持平衡，所以真正的交易者都是痛并快乐着的。

依靠交易获得成功的人仍是少数，大部分人这条路走得很艰难，是什么原因呢？

是智商不够吗？不是！

很多交易者在做交易之前已经完成了人生中原始资产的积累，他们中不少人在进入交易市场之前，都是行业的精英，是聪明过人、智商超群的人。

是水平不足吗？也不是！

很多交易者对国际国内形势了如指掌，对行业产业情况信手拈来，对基本面信息滚瓜烂熟，对消息面内容倒背如流。你能说他们没水平吗？肯定不能！

是不够努力吗？更不是！

股民可能是世界上最勤奋、最努力的群体。很多人在做交易之前都有自己的工作，工作之外还想靠交易赚钱，根本不可能是不勤奋的人。比如我，起初的几年，我都是一边工作，一边参与交易，工作本身就很累了，还要交易。我相信很多人曾废寝忘食、呕心沥血地学习交易知识、钻研交易技术、寻求交易经验，其勤可感天，其苦可动地！

大部分人无法在交易上取得成功的最主要原因是情绪控制能

力和自律性不足！如果在这个市场不能做到特别有效的情绪控制，即使智商超群、水平顶尖、努力无双，失败也是不可避免的。市场上有成功的交易者，更不缺失败的交易者，还有成功以后又失败的交易者。很多曾经大获成功的交易者，甚至是宗师级别的交易大师，因为无法始终如一地控制情绪、遵守自己的交易规则，最终由胜转败，功亏一篑、折戟沉沙，杰西·利弗摩尔、理查德·丹尼斯就是例子。英雄迟暮，就如美人白发，总是让人扼腕叹息。

杰西·利弗摩尔、理查德·丹尼斯这种交易天才、宗师级别的交易大师，他们不可能真的无法控制情绪，也不可能无法自律地遵守交易规则，因为他们已经用很长时间的成功和很大的利润证明了这一点，但是当登上金字塔的顶尖，体会到高处不胜寒的寂寞与孤独之后，他们可能只是不再愿意在规则的束缚下，无聊、机械化地交易，甚至想打倒规则、跳出规则、突破规则，幻想以自我超越纪律、以天赋代替规则、以直觉击败理性，结果他们失败了。当然杰西·利弗摩尔、理查德·丹尼斯的失败与大多数交易者的失败不同，所以说市场上有失败的交易者，有成功的交易者，还有成功后又失败的交易者。

但无论如何，这证明了一个事实：没有人可以放纵情绪、放弃自律后还能取得交易上的成功，即使是交易高手也不行。

（二）沃伦·巴菲特总是很少出手，“韭菜”才喜欢频繁买卖

一个聪明的投资者是不需要频繁交易的，如果说市场洞察力

是决定交易成败的关键因素，那么资金管理就能决定你在这个市场上是赚大钱还是赚小钱。我自实现持续盈利以来，每年的盈利百分比都不是特别固定的，反而是相差比较大。后来我深刻剖析了原因，并找到了答案——交易资金匹配的问题，要学会深入思考个股在进场时的性价比，并与仓位管理结合，形成完美的交易闭环。在合理的风险控制和有效的投资策略下，资金的高效使用可以提高投资回报率。我发现大部分新手交易者喜欢逆势操作，日日夜夜想的都是操作，而职业交易者更注重在当前的市场环境中，能坚持合理的持仓规模，做到退可守、进可攻，注重仓位管理，以待时机。

有一个词叫机会成本，我对机会成本有比较独到的见解。有很多学员问我："圈圈老师，我看上了 A、B、C 三只股票，我想买一点 A，再买点 B，然后再买点 C。"这种就是典型的缺乏机会成本思维的人。那什么是机会成本呢？你的每个选择都是有成本的，你选择 A，就要放弃 B 和 C，那 B 和 C 就是你的机会成本，机会成本是由 A、B、C 三只股票里面成本最大的那一只所决定的。

基于稀缺性假设，高性价比的机会是有限的。因此，我们需要通过科学的方法论来识别和匹配这些稀缺的机会，从而实现更高的收益。在这个过程中，我们要提高认知水平，因为认知水平越高，用方法论找到稀缺机会的概率就越高，好的个股和持续性强的题材本来就是万里挑一，这也就是股神总是很少出手的原因，只有"韭菜"才频繁交易。

（三）成功的交易者喜欢回顾过去

你在上学的时候喜欢做大量笔记吗？学霸们是不是喜欢整理自己的笔记？教育者认为，记笔记是学习的关键部分。我经常提醒我的学员做笔记，并整理自己的交易记录。对操作过的股票，成功的和失败的，都分类记录并回顾整理，这是一件耗时费力的事情。交易者的行为和习惯对于提高交易能力和持续性的成功至关重要。交易本身是一项极具挑战性的工作，不仅需要精湛的技术，还需要良好的交易习惯，它可以让你在激烈的市场竞争中有条不紊地执行交易计划。将一些特别的失误记录下来，你将会在这个过程中获益匪浅，就像是程序运行中的 bug 被修复。回忆过去是为了面对现在、展望未来。交易记录是你的一面镜子，随着你的交易记录变得越来越多，你会发现亏损教会你的东西远比盈利教会你的东西要多得多。

人人都会回忆，写日记的交易者可以在过去的经验中学习，而不会重复犯错。日记是交易者的镜子，也是交易者最好的学习工具。亚历山大·埃尔德无疑是一位伟大的交易专家，他就喜欢写交易日记。最初的时候，他常常将交易日记写在纸上，用剪刀剪下来并和图表贴在一起，虽然这种方式好像很老土，但回忆起来却很有成就感。我读他的书——《以交易为生》，了解到他的交易日记很特别，用的是 11 英寸×14 英寸（1 英寸 = 2.54 厘米）的本子，并且用展开的两面做交易记录。只要在某天进行过交易，他就会把当天的股价走势图打印出来，贴在本子左面，每张

图 3 英寸×5 英寸大小，并附有该股票的周线图，然后写上股票的名称、日期等，更为细致的是如果该股票是根据基本面所买，那么他还在一旁加上基本面信息、发现这只股票的原因或者所知道的消息来源，另外还要记录进场的信号以及当时的图形，更特别的是进场时的感受，是焦虑、高兴、自信或者不确定，他都会一一记录。这些便是每天交易之后，亚历山大·埃尔德需要重复进行的工作，他没有感到烦琐，反而将其视为一种交易纪律。也正是这些交易纪律，时刻提醒着亚历山大·埃尔德“交易是最重要的事情”。

做交易记录就像是用锋利的刀片对着镜子刮胡子，它能防止做冲动交易，也能帮助诞生好的交易者。交易记录不是只做不看，每隔三个月亚历山大·埃尔德便会重新审视以前的交易。在夜深人静的时候，他会走进书房，躺在扶手椅里，拿着交易记录慢慢翻看，有些地方令人兴奋，有些地方令人痛苦，但总能获益不少。

（四）寻找并固化交易模式

每个人都应该清楚自己的交易模式，比如打板模式、半路模式、反包模式等。有些交易者喜欢频繁变换交易模式，这是让人头疼的难点问题，如果固定不了自己的交易模式，就不能获得稳定的盈利。有些交易者想让自己成为全能型交易者——会低吸，会打板，也会做反包——这个想法是不切实际的。《孔子演义》里有一句话：“若是徒有虚名，不切实际，那就成事不足，败事有余了!”多种模式操作，在市场里来回游荡，操作起来只会成事不足，败事有余。每个模式都没有对错之分，但每个模式都有不同的操作要领，我也是专注反包模式后才实现了连年盈利，越专注，犯错的概率就越低。

每种交易模式都有成功的范例，也有失败的经验。交易者需要找到适合自己的交易模式，固化自己的交易模式，专注自己的交易模式，并不断完善和打造交易模式，促使自己的交易在模式内操作，这是交易稳定盈利的基础。打通一套完整的交易模式，往往需要磨合 3 年以上的时间，拿生命的长度去衡量的话，用短短 3 年去磨合，用一生去收益，是一件极具性价比的事情。

在最早期，市场的容量不算太大，还处于高速增长期，上级监管层的管理程度也不是很高，市场模式简单化，涨停板是 A 股市场的特色之一，一度很受散户喜爱。随着市场发展壮大，受监管程度不断提高，市场模式也丰富起来，打板技术、半路做法、反包战法也只是市场的产物。市场最大的问题不是模式的问题，而是资金的问题。市场需要源源不断的增量资金，需要大的成交量，需要场内的机构、游资、散户活跃起来去做交易，需要场内资金高速轮动。

但不可思议的是，不管行情是上涨还是下跌，总有散户亏损，那么市场是如何让散户在上涨和下跌中亏钱的呢?

1. 市场下跌的时候让散户吃到最大的跌幅

刚开始下跌的时候，为了稳住散户，市场一般不会大跌，只会出现小阴线小阳线，跌破一个支撑位，再跌破另一个支撑位，一路下跌，此时散户已经被深套，但是不忍心“割肉”。大部分散户在下跌初期都能安心持有，随着下跌周期加长，散户内心既不甘又恐惧，当大部分散户“割肉”离场的时候，底部即将到来。曾想“割肉”又因不甘心而留下的散户可以看看手里曾经被套的股票，除了没有退市的，后期基本都涨回来了。

2. 市场上涨的时候让散户尽可能踏空更多的涨幅

散户刚割完肉，不敢下手，内心的恐惧还没散去，大盘指数、情绪周期已经开始逆转，成交量不断扩大，连板空间被进一步放大，散户此时已经踏空较多了，有过刚刚被套的经验，还不敢追高，等上涨局面进一步加大，散户小仓位赚了钱，信心大增，开始大批买入，这时往往接近顶部。

无论选择什么交易模式，本身是没有对错的。从时间的维度来说，我们可以将交易模式分为短线、中线、长线三种。但进一步细分的话，不同模式包含的方法就很多了。

以短线模式为例，比如龙头战法，它比较特殊，特殊之处在于主要的参与群体是游资，游资会参与趋势股炒作，机构是很少参与龙头炒作的。这一点我们必须明白，这关系到我们的站位问题，决定了我们的对手盘是谁。也就是说我们不管选择龙头战法还是以打板为生，我们面临的对手一定是游资。这类资金属于“热钱”，是追逐高额利润而在市场流动的短期资金。由这类资金带动的交易有以下几个显著特点。

（1）高收益性和高风险性。高收益必定伴随着高风险。游资交易的高收益性体现在精准把握市场短期波动、挖掘热点题材和快速决策，能在短时间内获取高额利润。然而，其高风险性在于依赖市场情绪和热点的持续性，一旦判断失误或市场反转，可能面临巨大亏损。此外，游资交易常面临监管风险，违规操作可能导致受罚。

（2）高信息化与高敏感性。游资对国家经济政策、市场消息具有高度的敏感性，善于利用市场的情绪，并能迅速做出反应。

（3）高流动性和短期性。基于高信息化和高敏感性，一有消息刺激，游资就会迅速进入市场并迅速逃离，表现出极大的短期性，甚至超短期性。

市场上不仅有游资，还有游资的神话传奇，一年几百倍的收益煽动着交易者的情绪。市场上的龙头股很少，一个题材和一段周期内可能就一只龙头股，一只龙头股的盘子就那么大，所有的散户都想参与是不可能的，注定是一个僧多粥少的局面。尤其是新手小散，不推荐选择这种模式操作。

再说以趋势为主的长线模式，用这种模式交易，要求我们的持股周期超过 1 个月甚至 3 个月。这种模式适合用在牛市，股票的长线上涨最重要的是大环境的配合，大盘指数持续上涨，资金参与度高，持续性强，题材轮动慢，股票的内在价值得以显现。比如 2019 年的半导体板块、2020 年的芯片板块和 2021 年的锂电池板块，板块热度持续半年之久，板块内很多个股在结构上走出了大 5 浪行情，市场炒作大环境好。有别于超短票击鼓传花的接力游戏，趋势票不以连板为目的，有“不涨停，涨不停”的特点。只要“慢牛”的趋势在，人气就在，出货速度也慢。从流通盘面来看，100 亿元是一个重要的界限，趋势票的体量相对超短票要大很多，这里就能体现出机构和游资的实力，在机构面前，游资还是弱势方。

与超短票相比较，趋势票没有单一的龙头，主要原因是机构与游资的操作风格不同。虽然趋势票没有龙头，但从分类上来说，仍有核心票和跟风票之分。趋势票更容易出现断板，它的这一属性使得我们做反包模式的交易者更容易找到上车机会。

从资金结构（类型）上来看，我们可以将市场上的资金类型分为机构、游资、大户、中户、散户。从这个排列顺序，可以明显看出散户的地位，处于被“剥削”的最末级。从风险规避的角度来说，散户还是尽量少参与游资博弈，从技术到消息面再到资金，散户和游资都差了几个维度，相当于拿着鸟枪对大炮。有什么样的资金就参与什么样的股票，这些股票也会展现出相关主力资金运作的特点，可以分为几种类型。

（1）超短票（连板票）。这类股票也被称为情绪票，是因为突发消息或者市场轮动自发炒作，有点火的，有拉升的，有封板的，反映市场对某个消息面的态度，遵循情绪周期规律。做超短票以打板为主，主要交易者是游资、大户和中户。

（2）庄股。庄股有完整的吸筹、洗盘、拉升、出货等动作。一般来说坐庄资金拥有大量的筹码，股票的走势很大程度上由坐庄资金决定，当然坐庄也不是万无一失的，没有充分吸引到别人接盘，筹码就没办法派发。但最后大部分筹码还是在庄家手里，只有拉升才能兑现利润，换句话说，所有的拉升都是为了兑现利润。

（3）趋势票。趋势票一般由机构资金引领，游资、大户、小户、散户都愿意参与。跟超短票相比，这类股票的操作风格完全不同，比如超短票如果不涨停就算我们操作失败了，而趋势票主要看趋势，趋势没被破，走势就没坏，尤其是炸板之后，超短票可能面临“A 杀”，而趋势票却有可能迎来进场点。这也是我让大家选择流通市值大的股票做炸板的主要原因，希望大家还是多参与有机构资金引领的大方向和大趋势票。

我们选择反包策略来参与市场博弈，主要是因为反包的特征明显，它有以下几个特征。

（1）观察点明确。反包的观察点在涨停板断板之后，在股票没有涨停之前不观察，在涨停之后没有断板不观察，我们将反包模式的范畴进一步缩小，并明确模式内的进场信号，比如炸板反包，我们就只观察流通市值大的炸板，因为市值大的我们可以得到明确的观察点，而市值小的是游资票，一炸板就意味着结束，情绪下杀期间跑都来不及，更别谈观察点了。

（2）反包的机会多。反包模式是一种降速模式。2024 年涨幅较大的股，大众交通（600611）、金龙汽车（600686）、保变电气（600550）等走的都是反包模式。相对于连板模式，该模式充分给散户上车机会，相当于把连板涨停的动作拆分成几段来完成。很多行情的上涨总是来得太快太急，等交易者反应过来，往往价格已经在高位，就像一辆汽车如果快速行驶，我们很难上车，但如果这辆汽车中间停歇了，就相当于给了我们从容上车的机会。市场上涨停的股票多，连板的却不多，这给我们用反包策略创造了很多机会。

（3）不需要过多超前分析。这一点比较适合新手。刚进入股市的交易者，对很多消息充满幻想，常常参与一些没得到主力资金认可的消息面炒作，而运用反包策略对于题材不需要过多前沿性的分析和预判，只需要跟随，观察点在题材发酵之后，操作点在主力进场之后。从散户的角度出发，散户最适合做跟随，不需要点火，也不需要冲锋陷阵，把握好明朗的趋势节奏，吃鱼只吃中段。

第三节 情绪周期演绎市场轮回

情绪周期是无形的，但又是真实存在的，如同自然界的春夏秋冬。古老的太极图是阳极生阴、阴极生阳，万事万物都是盛极而衰、否极泰来。情绪周期是自然法则中的自然规律，它是循环往复、周而复始的。我们用自然规律去看待一个人、一段历史、一个市场或者一个题材，看待大大小小的万事万物，它都是通用的。

在股市里，一波赚钱效应产生以后必定有一波亏钱效应来对冲，当连板空间被压制到极致，必定诞生新的周期，大盘下跌到极致更容易诞生抱团“大龙”。在自然界，东北最冷的地方产出至阳之物鹿茸和灵芝，海南最热的地方产出椰子、西瓜等寒性水果。西瓜最原始的状态是在夏天最热的时候成熟，天气变冷之后，苹果才大量上市。人类生活遵循着各种规律，春种、夏长、秋收、冬藏。在股市里我们也要不断挖掘规律、发现规律、运用规律。

（一）情绪是第一生产力

我认为大的周期一共分两个：一个是牛市，一个是熊市。所谓环境在上，手法在下，可以将市场更加细致地划分为七个阶段：

（1）冰点阶段（情绪低落期）。

（2）混沌阶段（情绪波动期）。

（3）启动阶段（情绪升温期）。

（4）发酵阶段（情绪扩散期）。

（5）主升阶段（情绪高峰期）。

（6）高潮阶段（情绪亢奋期）。

（7）退潮阶段（情绪降温期）。

1. 冰点阶段到混沌阶段

市场主流热点杀跌，龙头股连续下杀。有些连板的小盘股上个交易日封板很好，次日开盘就出现一字跌停闷杀，一些看起来封板很好的个股，次日根本没有溢价，大部分题材股开始一日游，可操作性极差，转向混沌阶段后，才会等来多方明显的信号。

2. 启动阶段

市场情绪从冰点阶段转向混沌阶段，做多情绪慢慢积累、酝酿进而转向启动阶段，新阶段的种子开始萌芽，入场资金开始摸索、试探。个股出现逆势大长腿，开始打破 3 板、4 板的高度压制，较强的题材股开始强于大盘。

3. 发酵阶段

连板空间进一步开拓，市场出现最主流的热点方向，赚钱效应出现，这个阶段是职业交易者大显身手、上仓位的最关键阶段。我总是喜欢在这个时候找位置低、题材好、换手率大的“中军”，把仓位增加到极致。

4. 主升阶段到高潮阶段

在主升阶段和高潮阶段中，投资者情绪高涨、信心满满，市场充满直白行情，主涨属性明确，此时根据大盘指数走势分为两种情况。

（1）大盘指数处于下跌周期，这时候指数是与情绪背离的，两市成交量不够，市场只能维持一条主线，盈利效应也只能靠龙头抱团实现，题材内部分化严重。2024 年无人驾驶题材主升，正属于这种情况，板块内部大众交通（600611）和金龙汽车（600686）被紧紧拥抱。

（2）大盘处于上涨周期，指数与题材共振，题材内部出现龙头出高度、中军承接、小弟不断跟风的连板梯队。市场出现大批量涨停潮，龙头股票断板也不会出现“A 杀”，资金围绕题材展开操作，从横向到纵向，高低切换，行情发散性强。本来只是新能源汽车题材大涨，到最后连汽车轮胎股都能涨起来，此乃天时、地利、人和也，助推龙头走 2 波、3 波行情，赚钱效应爆棚，容错率极高，市场情绪极度高涨，盛极而衰也是在这时候出现。技术高超的交易者忙着兑现利益，“韭菜”却开始加仓大干，正在被套最高点的路上忙着排队呢！

5. 退潮阶段

退潮阶段出现在一段上升周期的末端。龙头股还在加速上涨，低位股也在补涨助攻，中位股率先滞涨或跳水，市场情绪出现强烈分化，在两个交易日内龙头股开始断板，市场资金从一致做多到开始出现分化降温，亏钱效应迅速扩张。退潮阶段根据大盘指数走势也分为两种情况。

（1）大盘指数处于下降周期：情绪和大盘指数共振下降，本身流通值不大的总龙头股容易出现“A 杀”，连板高度逐渐下降，涨停板被打开，随后股价大幅下跌，甚至在一个交易日内从涨停价跌至跌停价，资金争相离场。

（2）大盘指数处于上涨周期：大盘指数和情绪背离，容量比较大的题材退潮比较温柔和混沌，龙头股不会出现“A 杀”，甚至会形成高位震荡，走出两波甚至持续走出多个波段的高位。

冰点阶段和退潮阶段是赚钱效应最差的阶段，大部分的散户不能区分这两个阶段并且出现大的亏损。在操作上主要表现为不能分析退潮阶段的危险信号，造成直接无法回避大的风险，用大仓位去接力老题材，再就是在冰点阶段不等情绪明显回暖，盲目交易，试错一日游小题材。在这两个阶段，各种模式都会失效，最佳策略就是空仓等待，等待退潮阶段的结束直至冰点阶段的逆转。

A 股市场是政策市，选择合适的时机远比选股重要。时机就是情绪周期所处的阶段，情绪周期高涨就很容易获利，技术、K线、模式都要建立在好的周期之上进行分析。股市里越简单越赚钱，一开始我也追求多项技术和多个模式，想打遍天下，运用各种模式在各个周期积极参与，结果疲惫不堪、收效甚微，还是一招鲜吃遍天，要想立于不败之地，一招即可。这也是我的抖音名字叫“小圈圈儿只做反包”的原因。我只做反包，固定交易模式并在这个模式上不断摸索。

A 股市场的上涨不仅有情绪的驱动，还有政策面和资金的驱动。很多时候是情绪在推动市场，故而有情绪周期。从表面看就是一个循环，从开始到发酵到高潮再到退潮，然后又是一个新周期的开始。而从广义去看周期，周期就像俄罗斯套娃，一环套一环，有大周期也有小周期，还有大周期内嵌小周期。如果更细化地去看情绪周期，我们可以把周期理解为情绪的延续，整体情绪向上，那周期内的题材走势就是震荡向上，整体情绪向下，那周期内的题材走势就是震荡向下。这个震荡过程就是小周期，而整体情绪如果是延续的就是大周期。除此之外，还有指数情绪。指数情绪分为顺指数情绪和逆指数情绪。市场弱势反而会刺激资金抱团，如深圳华强（000062）在市场亏钱效应中走出 16 板的高度，这就是逆指数情绪，体现了资金抱团效应。当市场情绪转好时，抱团资金反而会瓦解，因为大环境好了，资金可以四处去，位置低的个股有很多，资金没必要非要去拥抱最高标的。

（二）把握市场情绪与周期交替的机会和挑战

市场的周期节点，往往是最具诱惑力也最有风险的时刻。市场的大周期与情绪周期是交易者需要时刻关注的焦点。市场每轮主跌阶段的结束都意味着市场正孕育着新的赚钱效应。在这个阶段我们考虑的不再是指数何时止跌的问题，而是如何锁定新的机会。

1. 冰点后的逆袭

市场周期总是不断轮回，熊市走向尽头，市场情绪走向冰点，是在市场极度悲观或者出现回暖的阶段。在冰点之后，正是寻找强势股的重要时机，也是交易的关键时刻，由于市场情绪稍见起色，很多股票容易断板，2024 年 7 月 12 日的大众交通（600611）就是在冰点时期出现的断板大妖股。要特别注意在冰点之后寻找“先知先觉”资金已经布局的方向和个股，善于发现率先启动的题材和率先涨停的大容量中军，尤其是在成交量偏低的环境下，题材内部核心容量票的相对强度是短线行情爆发的信号。

兵以正合，以奇胜，这里的“合”就是市场合力和市场共识，“奇”则是在市场中容易被忽视但具备爆发潜力的行情、题材、个股等。只有抓住预期差才能在冰点反转时期获取超额利润，出奇是创造利润的关键，在股市里不能人云亦云、形成跟风现象。何为跟风现象？就是市场大涨你觉得还会涨，市场大跌你觉得还会跌。跟风现象就是这样，市场大涨，大部分人觉得还会涨，市场大跌，大部分人觉得还会跌。真理只掌握在少数人的手里，我们要换个角度看待，市场大涨，越涨离高点越近，市场大跌，越跌离低点越近，盛极必衰、物极必反，市场就是一个大循环。

2. 朦胧的中间情绪

情绪周期很复杂，同一个市场里，指数、主线题材、龙头股等所处的情绪周期不同，导致相互冲突、相互影响，这也是理解情绪周期最难的地方。想简单点，以指数走势来代表指数周期，以连板股的多寡来代表题材赚钱效应周期，以龙头股高度来代表龙头股所处的周期，这样便分别得到了指数赚钱效应、题材赚钱效应、龙头赚钱效应。我们可以把这三个效应比作国家、军队和将军。岔开一下话题，我们可以看看历史，以宋朝为例，北宋国家很富裕，但军队很弱（因为重文轻武），讲究世代清流，军队的弱在很长一段时间内不影响国家的富裕，但国家渐渐地被外围势力侵吞。而南宋，岳飞将军很强，但是国家很弱，将军也无力回天。由此我们可以得出一个重要的前提：要理解情绪周期，不能简单地将它理解成一个指数、一个题材、一个股票的周期，而需要理解多个维度之间的周期关系。

我们简单地将周期分为四个阶段：

衰退到开启。

开启到发酵。

发酵到高潮。

高潮到衰退。

单纯的市场情绪分析对龙头战法的选手影响比较大，而指数情绪周期对选择非龙头股的投资者影响比较大。2019—2020 年，很多投资者做价值投资，2020—2024 年就很少了，因为指数向下。为什么龙头战法的选手都看市场情绪呢？本质上龙头股是先于指数情绪周期启动的。我们做反包策略分析得最多的是题材内的情绪，题材是跟龙头同时启动或比它稍晚启动的。

“虽有智慧，不如乘势；虽有镃基，不如待时。”语出《孟子·公孙丑上》，意思是虽有才智，不如依靠好的形势，就算有很好的工具，也不如等待时机。我们做反包做的是跟随，是确定性机会，在情绪回暖、题材比较明确的时期才操作。而情绪是试错试出来的。

市场情绪、大盘指数由盛转衰是交易最难做的时候。这个时候个股连连创新高，市场情绪到达极点，每个人的情绪都特别高涨，周围很多原本观望的人都想进去喝一口汤，博最后一个涨停板，却不知“海啸来临之前，海面上都是平静的”。市场盛极必衰是永恒的规律。

在市场下跌的初期，市场多数人认为只是偶然的，在市场中的热点股和强势股出现回调时，人们仍然期待还会有创新高的机会。这时，很多普通股已经开始下跌，但是强势股依然很抗跌，因为参与的人还有很强的创新高的期望，强势股会让人产生错觉，舍不得走。

在市场下跌的中期，市场已经完全明白熊市来了，很多普通股持续下跌，强势股只要是反弹就会受到抛压，强势股出现补跌行为，部分弱势股开始迈入超跌行情。

在市场下跌的中后期，市场人心崩溃，股票开始大面积崩盘，超跌股票崩溃后，多头被相对彻底地绞杀，抛压趋缓，压抑太久的资金开始试探性抢反弹，空头暂时休息，市场出现一波大反弹，反弹到一定位置后，主力忙着解套跑路，散户还抱有希望，又一波杀跌出现，这就是情绪上出现冰点之后还有第二个冰点甚至第三个冰点的缘由。

而到了市场下跌的末期，很多观望资金看到市场局部出现赚钱效应，大盘指数震荡且相对稳定，部分资金在个股上制造局部行情。对于市场变化，场外其他观望资金，特别是游资开始点燃激情，围绕热点题材炒作龙头股、牛股，市场出现震荡结构行情。

如果你能看明白，过去你在下跌行情遇到的很多问题就能解决。我们在操作上首先要回避的就是由盛转衰的主跌行情，完全休息下来，等多头被空头绞杀直至崩溃。经历过牛熊转换的人都明白，牛市中所有的利空都不会是真利空，而熊市中所有的利好都不会是真利好。

（三）情绪标的体现行情冷暖

我们怎么快速判断情绪逆转了呢？关键还是在个股的表现上寻找答案。举个例子，如果市场情绪逆转，最常见的表现形式是出现“大长腿”现象——有辨识度的个股会被资金从深水区拉升至涨停，且第二天有高溢价。市场情绪会在短期内被带动。如果某只股票出现“大长腿”后，次日没有溢价，情绪面往往得不到有效翻转。

如图 1-1，腾达科技（001379）的日 K 线出现“大长腿”以后，次日溢价高开并封板，引领了一波情绪面回升。这类回升的持续时间不定，长则 7 天左右，短则 2～3 天。在实盘操作过程中，这类个股主要给我们提供情绪标的。

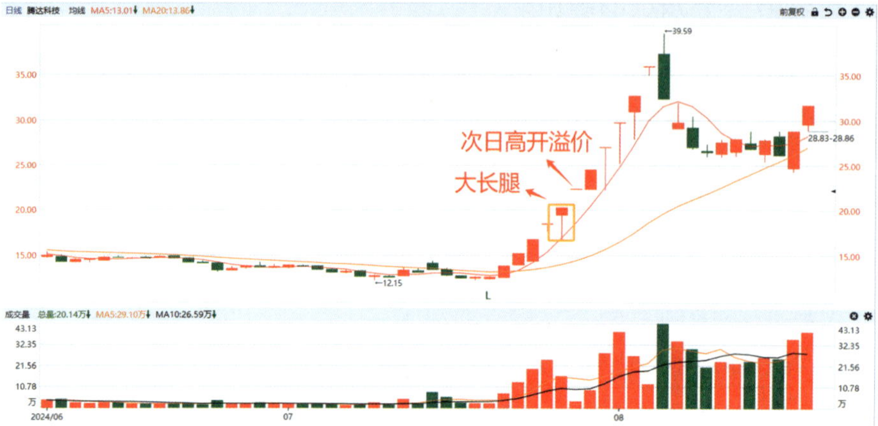

图 1-1　腾达科技（001379）日 K 线

情绪标的泛指股价回落至深水区，跌幅为 8%～10%，或者开盘价比前一天收盘价低 8%～10%，拉升至涨停板且有辨识度的标的。有效的情绪回暖，必须配合着情绪标的次日的表现来定义。情绪标的个股的日 K 线表现形式不尽相同，有些时候从大幅低开直接被拉升至涨停，如图 1-2 所示，保变电气（600550）在日 K 线上没有“大长腿”的表现，只是日 K 线的实体很长，需要我们进一步观察分时图。

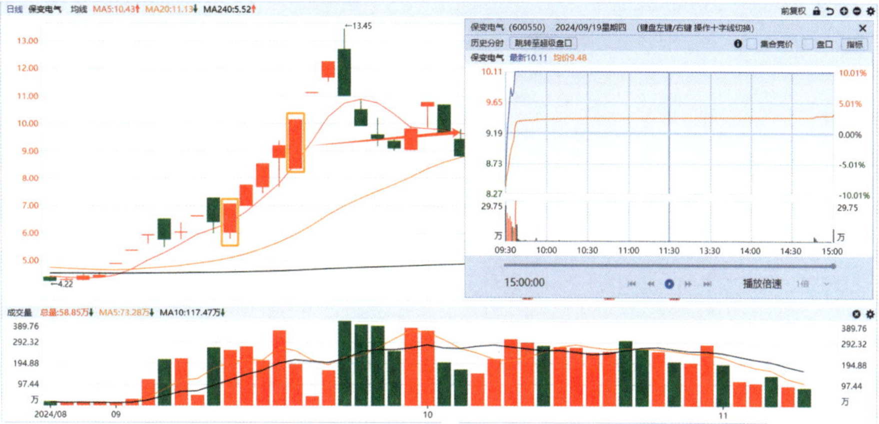

图 1-2 保变电气（600550）日 K 线与分时线

情绪由强转弱，我们也可以从个股行为上找转折点，情绪崩塌的一个表现是从高标断板到龙头断板依次崩塌。真正的“A杀”是从龙头股开始的，当主升段的龙头股走弱，市场情绪正式开启阶段性回落。

如图 1-3 所示，周期性龙头股深圳华强（000062）日 K 线断板预示着退潮期的开始，次日无法修复下跌，我们就可以断定退潮了。退潮期的杀跌完全是不讲道理、不讲逻辑的。打板战法比较讲究市场情绪，我研究情绪多年，所谓的情绪周期，除了冰点情绪和退潮情绪是容易分辨的，其他情绪周期都是混沌的、不容易区分的。风险都来自不确定性。

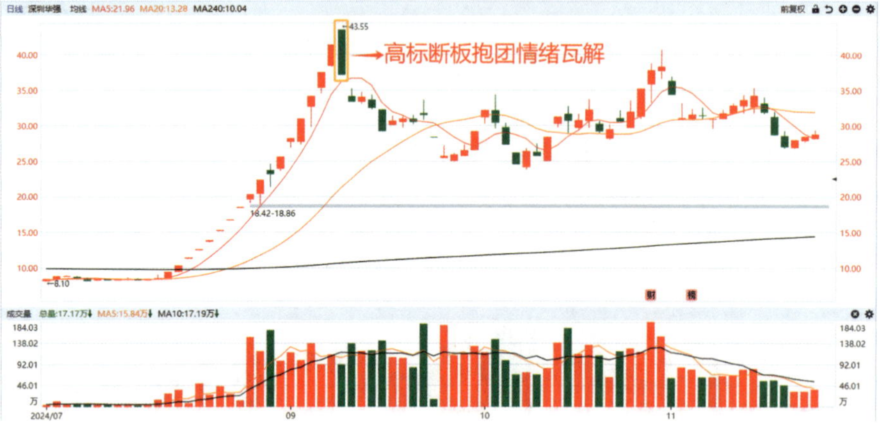

图 1-3 深圳华强（000062）日 K 线

第四节 量能是金融语言

与成交量对应的是成交额，也就是钱。成交量是市场各方力量相互作用的结果，两市的成交量是无法作假的。有人鸣枪发号，有人呐喊助威，所谓成交，自然是有买有卖达成的交易。市场是否活跃，最直观的体现就是成交量，因为成交量是反映市场参与者数量和市场热度的重要指标。目前两市有 5000 多只股票，若成交额只能维持在 6000 亿～7000 亿元之间的话，意味着市场的参与者不多，更大程度表明的是机构资金和游资参与度不够，大资金对市场情绪的调度不够，大盘往往处于阴跌状态。

（一）市场成交总额决定市场整体机会

市场成交额也就是资金，是我们分析市场的基础和根源。我们把市场普涨称作市场整体上涨，把市场内题材的上涨称作市场局部上涨，市场的整体上涨和局部上涨都体现了资金深层次的供需关系。

从上海证券交易所和深圳证券交易所的官网查询可知，2024

年5月底至2024年8月底，两市的成交额大部分维持在6000多亿元，3个月内单日成交额大于7000亿元的交易日不到10天，上证指数从3174.27点跌至2842.21点，持续3个月下跌，2024年8月13日两市成交4773亿元，创前4年新低。地量带来的不是地价，是股民躺平，投资者哀莫大于心死，这种资金量级对于市场是一种灾难，市场整体根本产生不了大的机会。

我们从两市官网分别查询可知，2024年3月4日至5月15日期间，两市的成交额基本维持在9000亿～10000亿元之间，资金量相对两市5000亿元的成交额来说比较充沛，驱动着市场上涨，市场整体上涨必然蕴含着局部题材的上涨机会。要学会抓住上涨机会中的上涨板块、上涨板块中的上涨个股，要明白A股市场是“牛短熊长”和“牛快熊慢”的市场，多数人的钱被少数人赚走。

2024年10月8日至11月14日两市的成交额维持在15000亿～25000亿元之间，资金量充沛，活跃的成交额常常被视为牛市的前兆，是重要的市场信号。在风云变幻的金融市场中，每一个数字的跳动都牵动着无数投资者的心弦，成交额的激增不仅仅是数字的累积，也是资金如潮水般涌入的体现，更是市场情绪的集中释放，是资本狂欢的盛宴。

（二）一切没有放量的上涨都是“耍流氓”

无论是大盘还是个股，成交量均是衡量市场活跃度和股票价格变动的一个重要指标。市场指数的上涨通常伴随着成交量的增加，如果大盘指数的上涨没有相应的成交量增加，可以将其视为缩量上涨，尤其是在下跌趋势中，大盘指数往往是不能逆转下跌趋势的，这一点大家必须把握。此种情况表明了市场只有少数交易者进行操作，缺乏市场参与者的高度支持。比如 2024 年 5 月 20 日之后大盘持续下跌，其间 6 月底和 7 月底上证指数虽然出现日内反弹，但没有持续放量，趋势不能翻转，大盘指数继续下行（见图 1-4）。

图 1-4　上证指数下跌走势

大盘指数缩量下跌，有时能持续 3 个月以上，此时是交易者最容易亏钱的时候。

（三）成交量是个股活跃的新鲜血液

市场整体需要成交量热身和活跃，这在个股上表现得更明显。当股票供不应求时，投资者纷至沓来，都想买进，股价就会上涨，成交量自然放大，这就是天量天价的说法。当然，天量多指底部放量，而非顶部放量，这一点要明确区分出来。当股价上升到一定高度，主力积攒了大量的筹码和较高的获利盘，顶部放量实属出货信号。

1. 股价变化有成交量一半的功劳

个股经过长时间的盘整，突然在底部爆量，是需要条件的。首先，该股必须经历长期的盘整，这是股价长期吸筹洗盘的结果。个股的筹码在经历长期洗盘后筹码变干净（相对集中和稳定），有利于后期主力控盘。此时，放大量是多方在此位置达成共识，成交量同步出现大规模放大，股价大涨。所以天量天价既跟位置相关，也跟时间相关。

上涨的前提是底部放量。我们要确定主力已进场。底部放量的前提是股价得到了长时间的盘整。长期的盘整是对原始筹码的洗劫。

有了以上两个条件，主力放量买入后，控盘能力强，上涨压力小，多方认可股价的上涨，这种上涨的获利往往是巨大的，涨幅也是空前的，如图 1-5 万丰奥威（002085）日 K 线走势所示。

为什么你选的股票没有上涨空间？

这个问题跟你选择的个股所处位置有很大关系，股价高，上涨空间就有限，利润空间被压缩，同时下跌风险增加。股价上涨是为了兑现利润。底部盘整和高位盘整是很容易区分的。股价在经历一波上涨以后，开始盘整，这种现象往往出现在盘子比较大的个股上。此时，主力筹码多且集中，获利丰厚，犹如大车难掉头，如果庄家巨量砸下，出货的时间就会很短，完

图 1-5　万丰奥威（002085）日 K 线走势

成不了派发任务，利润就无法兑现，主力只能放慢出货脚步，高位洗盘，边拉边走，所以你会发现涨幅巨大的大盘股出现“A 杀”现象。

底部盘整就不用考虑出货的问题了，此时主力还没进货呢！有这么一句话：“底部盘整多久，上升就持续多久。”这也相当于以时间换空间。于盘整而言，我更喜欢关注盘整后的爆量，尤其是历史最高量，即个股经过长期的盘整，放出前所未有的巨量。可以参考图 1-6 大众交通（600611）日 K 线走势。我比较关注两个要点：第一，位置决定上涨高度；第二，断板当日是否放出巨量。

经历长期的盘整并放巨量的个股是稀缺品种，很珍贵。

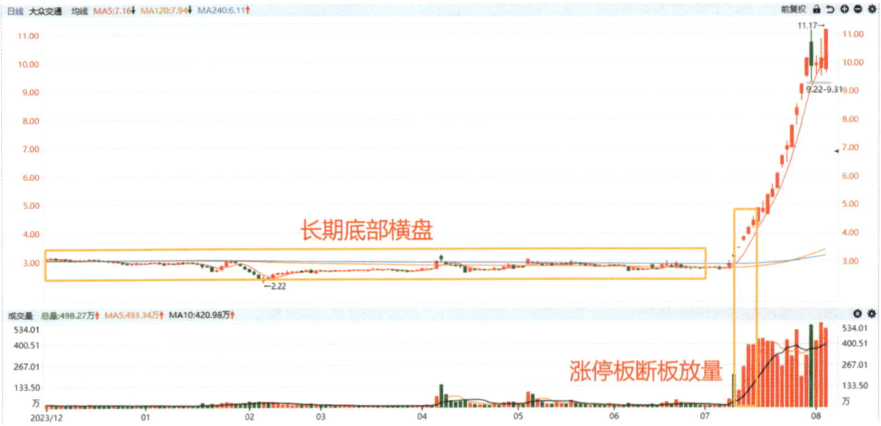

图 1-6　大众交通（600611）日 K 线走势

2. 讲究人要缩图看势

“一叶障目，不见泰山”“不识庐山真面目，只缘身在此山中”，我用这几句古语来形容不能缩图看 K 线的感受。我发现很多新手甚至很多老手都普遍存在的问题，就是太过片面地看个股 K 线图，在 K 线形态上获得的信息比较少，有些人甚至故意放大再放大，生怕看不清楚涨停板。兴许是随着智能手机的兴起、网络技术的发展，越来越多的股民用手机炒股，手机屏幕相对电脑来说太小，导致很多股民看到的 K 线图很有限，然后用有限的信息去跟专业对手干，就好像拿着鸟枪对战大炮，胜负显而易见。

百尺看形，千尺看势。

所谓缩图看势，就是把该股的历史 K 线走势调出来，能看到整体 K 线呈现的形态、个股的历史高点、目前的位置、股票呈现的形态……同样的一只股，从缩小图和放大图，从不同的角度，我们能看到不同的未来走势。看到的 K 线数量不足，影响有多大呢？我认为就像盲人摸象。几个盲人摸象，每个人做出的判断都不同，因为每个人摸到的都只是一部分。看股票 K 线也是一样的道理，你看 60 根、80 根、120 根等，你获得的信息量完全不同，对股票的分析及做出的判断也会天差地别。抛开个人技术水平的差异，主要是每个人获取的信息不同，所做的判断就不同，看得越远，获取的整体信息就越多，判断就会越精准。如果你只盯着最近的几十根 K 线看，你能判断的东西就很有限，就会出现很多很困惑的事情。涨得好好的，为什么突然就崩了？明明看着还要跌好久，为什么突然就止跌了？这是股民经常有的疑惑，而绝大部分问题其实缩小图看远一点就明白了，所以说股民眼中看到的 K 线数量，直接影响股民对股票运行结构规律的认识。

同样一只股票，相同的走势，用不同的尺度看到的个股趋势和方向就完全不同，如图 1-7、图 1-8 分别是缩小和放大中信海直（000099）日 K 线所看到的走势。

图 1-7 中信海直（000099）日 K 线走势——缩小

图 1-8　中信海直（000099）日 K 线走势——放大

综合而言，放图看形、缩图看势，投资者在分析股票时，需要考虑不同的时间尺度，充分了解股票的整体趋势和当前的操作位置。

第五节 盈利从认识风险和控制风险开始

中国正在经历伟大的民族复兴，中国股市也在经历伟大的变革，所有改革的初衷和意愿都是美好的，但实现的过程不一定都平坦。无论投资市场怎么变化，都改变不了其本质：高风险、高收益和高流动性。

在实际操作中，投资者对风险的认识比对机会的认识要少很多，风险总体分为两大类。

第一类是系统性风险。

市场的系统性风险是市场个体力量不可逆转的，亦是整个市场的风险，是所有参与者共同承担的风险。这类风险一般包括战争、经济危机、能源危机、突发性事件带来的恐惧风险，还包括重大的政策调控带来的方向性信息不对称风险，就比如熔断机制，开盘千股一字跌停。这些危机和风险会对市场信心造成打击，它们带来的巨大杀伤力在短期内是很难消化的，而市场信心也难以恢复。除了重大自然灾害带来的恐惧风险以外，其他的系统性风险诸如战争、能源、经济、政策带来的风险往往是提前很久就有苗头了，成熟的交易者大多可以提前嗅出味道，关键看你是否警觉。比如现在国际联系这么密切，现代战争也不是说发动就发动的，会给经贸外交和政治外交留出周旋的时间，哪怕是小国和小国之间亦是如此。政策的调控也是三令五申以后才颁布的。关于市场的系统性风险这里不赘述了。

第二类是交易类风险。

交易类风险是交易者每天直面的风险，也是交易者最应该重视的风险。这类风险是完全可控的，主要包括以下几类。

（1）趋势性的交易风险：股票大周期调整，有些交易者喜欢抄底，结果抄在半山腰。股票下跌过程中是不能轻易抄底的。

（2）高位下跌风险：有些交易者喜欢沿着 5 日线低吸，其实 5 日线是最容易被跌破的均线，尤其是一些高位股是完全不适合使用 5 日线低吸法的。

（3）频繁操作风险：盘中三五秒，盘下七八年，古人有云，“台上十分钟，台下十年功”。在交易过程中最不缺的就是诱惑，盘中股价受消息面的刺激瞬间拉升，你一冲进去就很可能被挂在最高点。记住，脑子一热所做的决定大部分是错误的。大部分风险是频繁交易带来的。成功的交易，99%的功夫是盘下做的。只赚自己交易模式内的钱，舍弃是为了更好地全力以赴。

（4）缺少试错机会的风险：在没建立和掌握一套操作模式前，盲目地操作，无试错机会的交易，大多数是不能知行合一的。学习是个掌握方法的过程，需要无数次推演。在学习交易模式初期，是容易亏钱的，希望大家在学习反包策略的初期，利用小仓位试错，用 3 年时间学习，用终身来受益。

（一）在回避市场风险后再抓住有利行情的机会进行交易并获利

股市和资本市场是纯粹的金钱利益场，参与者都是为了利益，在收获利益之前，面临的是风险。A股市场就是典型的高风险和高收益市场。A股的整体波动率远高于美股，遇到短期、中期下跌趋势是经常的事情，20%到30%的下跌幅度是家常便饭，下跌40%跟价格腰斩也并不罕见，所以应在回避市场风险后再抓住市场有利行情的机会进行交易并获利。然而投资中有个著名的“不可能三角”定理，即风险性、收益性、流动性三者不可兼得。对交易者来说，风险越低越好，收益越高越好，流动性越快越好，但风险和收益是天然的矛盾体，再结合流动性考虑，三者是不可兼得的。风险来自不确定性，不确定性来自不专业，因此绝对不能低估金融市场中的难度及其对专业性的要求，某部电视剧里有句经典的台词：“股市最大的公平就是不设任何门槛，只要你有账户，买了股票，就可以交易。但是股市也有最大的不公平，不分等级，业余的、专业的全在一起竞争。”正是因为没有门槛，大部分散户都是业余的，大部分风险都是不专业造成的。

很多新手，甚至很多市场老手总想让自己账户里的钱一刻也不空闲，从一只股票里出来，就迫不及待地买入另一只股票。你希望天天赚钱，但是交易的机会不会天天都有，天天都有的是陷阱，并非机会。量的积累才能换来质的飞跃，交易不是一蹴而就的。

有一个故事，讲的是一个人总是梦想着发大财，一天到晚脑子里想的都是黄金。有一天，他路过一家黄金铺子，看见里面摆了很多黄金，他用眼睛一直盯着那一堆黄金，不由自主地走过去，伸手就把黄金往自己口袋里装。当他被送到府衙之后，官府问他："你怎么敢在光天化日之下去拿人家的黄金呢，难道你没看见周围有很多人看着你吗？"他说："当我看见金灿灿的黄金时，我的眼里只有它，哪里还看得到周围有什么人啊！"

不要觉得这个故事荒诞不经，很多人在交易市场的行为就跟故事里的主人公一模一样，眼里只有机会、利润、金钱。无论现在、过去还是未来都会有许许多多类似的例子天天上演。

（二）认识股价波动的风险

股价波动是每个交易者都面临的风险。股神和"韭菜"的一个重要区别是对股价涨跌和风险之间关系的认知不同，两者的认知是相反的。

很多普通人认为，股价的涨幅和风险呈反比例关系。很多交易者都喜欢追高，股价越涨越追，股价越低反而看不上眼，他们认为股价越涨风险越低，股价越跌风险越高，所以很多交易者总是发自内心地崇尚追涨杀跌，股价越涨越买，股价越跌越卖，大众恐慌就也恐慌，大众贪婪就也贪婪。

股神沃伦·巴菲特有句至理名言："别人恐惧我贪婪，别人贪婪我恐惧。"这句话反映出他认为股价和风险之间成正比关系，即股价越涨风险越大，股价越跌风险越小。

交易有三大经典错误：逆势交易、频繁交易、不控制风险交易。

下跌趋势和上升趋势一旦形成，都会是大趋势，图 1-9 是赣锋锂业（002460）日 K 线走势，这只股票从 2021 年 9 月开始转为下跌趋势，下跌周期长达 3 年，在这 3 年中的任何操作，都是逆大势操作。

图 1-9 赣锋锂业（002460）日 K 线走势

再说频繁交易，不懂得空仓的人，就不懂得交易。市场大起大落，小起小落，我们不仅仅要学会如何抓住时机赚钱，更重要的是要学会放手，克服贪婪心理。金融市场有个魔咒：七亏二平一赚。为什么在市场赚钱那么难？这是因为交易市场存在三大难点。

（1）无法保证每次交易必赢。交易靠的是概率，要抓住大概率上涨的机会。

（2）盈亏同源。多次用同样的方法交易，无法保证连续盈利，因为所处的情绪和交易环境不一样。

（3）亏钱比赚钱更容易。频繁交易也是导致亏损的一个原因。还有不控制风险的交易，包括重仓交易、贷款交易、卖房炒股等也容易导致亏损。其中加杠杆的交易最可怕，加杠杆会让亏损无限放大。

（三）猛烈的拉升换来猛烈的打压

股市里所有的上涨都是为了兑现利润，但猛烈的拉升换来的可能是猛烈的打压。2024 年 9 月 24 日至 10 月 8 日，市场经历了一轮波澜壮阔的上涨。

如图 1-10 上证指数走势所示，上证指数仅用了几天就上涨了几百点，这在 A 股市场上极为罕见。下跌用了 3 年，上涨仅需几天，这深刻反映了 A 股牛短熊长的市场基调。这几天的暴涨到 10 月 8 ~ 11 日迎来集中回调，市场经历了一波完整的从牛市到

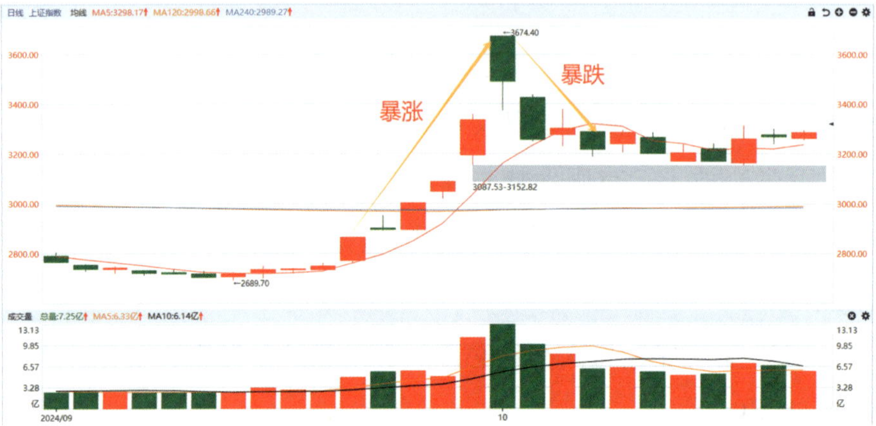

图 1-10　上证指数走势

熊市的转变，这一波大涨从开始到结束，对于新老股民来说是一节非常宝贵、非常生动又非常昂贵的市场教育课。

这轮牛市让无数股民心潮澎湃，市场上千股涨停、板块涨停、指数涨停。10 月 8 日开市指数直接高开 10%并回落，很多散户被套在高位，无数人惊叫“跑不掉，根本跑不掉”。12 个交易日的时间，市场经历了一波强烈的从极度兴奋到极度悲观的情绪变化，演绎了市场收割的本质：猛烈的拉升换来猛烈的打压。这种本质，在未来任何牛熊市中必然还会轮回。

要想赢，就得认清市场和人性。

第一，人性的恐惧和贪婪在市场中被无限放大。

2022 年初到 2024 年 9 月中旬，市场一直处于熊市之中，交易者的熊市思维很牢固，恐惧被市场无限放大。但是 2024 年 9 月 24 日的一根大阳线让市场情绪一下就从熊市转向牛市，最先转变的是老股民，随着第二根、第三根大阳线出现，最后转变的是入市不久的新股民，大家蜂拥而上。只要市场有足够的亏钱效应或者足够的赚钱效应，市场情绪就能马上转变。市场情绪是极为脆弱和易变的，交易者都有从众心理。

市场的猛烈拉升，使得牛市的时间快速被空间替代，成为“时间换空间”的经典案例。当前网络媒体的传播速度太快，一天时间连卖菜阿姨都知道牛市来了。网络从来不缺推手，像上海某叔一样的宣传者不断叫嚷这波牛市将改变命运，这类宣传者发表一些疯狂言论，带动一批人迷失自我。这就是人性的贪婪被无限放大。

人性的恐惧和贪婪被市场无限放大是新股民必中的枪和永远

抹不去的伤疤。一波行情起来，最憋屈的是老股民，最得意的是新股民。很多新股民大赚了一笔后，要卖房、贷款加杠杆迎接这泼天的富贵，但紧接着大涨之后迎来的不是富贵，而是盈转亏。这样的案例在每一轮牛市中都有。牛市不一定能让人赚钱，但肯定能让人倾家荡产。

市场本身不产生利益，只存在利益的重新分配。市场上涨也只是假象，要在假象面前敢于参与，并在假象被识破之前，快速兑现利润出局。

第二，所有的上涨都是为了兑现利润。

无论行情有多么疯狂，市场涨幅有多么剧烈，最后都要有一个结局，那就是利润的兑现和财富的重新分配。市场本身就是零和游戏，所有的行情都是为了收割，所有的上涨都是为了兑现利润。对于每一轮行情，我们必须有清醒的认识。牛市里为什么没有人亏钱？那是因为牛市还没结束，行情还没收网。当潮水退去，谁在裸泳就一目了然。最后的结局都是少赢多输。

第三，理解交易周期和资金的重要性。

牛市初期看政策，中期看基本面，末期看外部环境。行情的上涨或下跌，不是简单的基本面和技术面能决定的，而是周期与资金的问题。

只有出现了政策面、技术面、情绪面和资金面的共振，市场才有表现的机会，这才是行情大涨的核心。没有强势的政策面和资金面，仅仅是周期和技术到位，行情很难转好。

股市的盈利永远在回避风险之后。

（四）股价的均值回归规律

诺贝尔经济学奖得主丹尼尔·卡尼曼提出的均值回归规律表明：股票价格、房产价格等经济现象，气温、降水等自然现象，无论高于还是低于价值中枢（均值），都倾向于以高概率向价值中枢（均值）回归。民间常说的“三十年河东，三十年河西”“祸兮福所倚，福兮祸所伏”，同样体现了这个规律。

均值回归规律是股市中比钟表还准的客观规律，即股价在一段周期内就会对价值做一次均值回归。依据均值回归规律，即使你追涨买了天下最赚钱的股票，也会在一段时间后出现亏损。这是客观规律，不以人的意志为转移。市场上每天都有均值回归的案例深刻揭示着这一规律。

（五）风险管理和仓位管理

风险管理和赚钱没有本质上的关系，因为风险管理不是管理赚钱的，它是管理亏钱的。提高风险管理能力，是为了回避亏损，所以风险管理和赚钱无关，和交易胜率无关。

既然风险管理跟赚钱没有关系，那为什么要建立风险管理意识？

因为新手的技术太差，不懂行情，不懂技术，没有逻辑。当有了很高的确定性，你可以随便做风险管理，但在你实现稳定盈利之前，一定要把风险管理的级别做到很高，这样才能让你亏小钱、赚大钱。如果你在市场上活得足够久，就会比别人获取更多市场上的经验。

仓位管理和赚钱有直接关系，因为仓位管理是管理赚钱的。当有了很高的确定性，你大仓位买入就多赚钱，小仓位买入就少赚钱。

（六）设立红线，避开雷区，6类雷区要远离

1. 避开ST股票和*ST股票

ST股票和*ST股票通常是因为公司经营不善、财务状况恶化或出现其他严重违规问题被特别处理或面临退市风险的股票。这类股票就像地雷，交易者应该保持头脑清醒，不碰这类股票。

2. 回避最近被问询、立案调查或有多次违规违纪记录的股票

出现这类情况说明公司运营不稳定，公司治理存在问题，这类股票往往存在不可预知的风险。

3. 回避股价低于3元且主营业绩亏损的股票

低价股票是“可怜之股，必有可恨之处”，大多是长期成交低迷造成的，往往存在公司经营不善、市场前景不明朗的问题。这类股票虽然价格低廉，但实际可能隐藏着巨大的风险。交易者应关注股票的活跃性，避免追求低价而陷入投资陷阱。

4. 避开总市值低于 10 亿元的股票

总市值太低的小盘股流通性差、波动大，大主力通常不会选择这类股票进行波段性的操作。投资者要尽量回避市值过低的股票。

5. 避开一路向下、大趋势一直阴跌的股票

上涨都是为了兑现利润，股价在经历过一波猛涨以后，回调是需要很长时间的，有些前期大涨的股票调整要 5 年之久，真正重大的下跌趋势一旦形成，是很难在短时间内扭转的。投资者应坚决回避被暴力拉升过，现在一路向下、一直阴跌的股票。

6. 新题材一旦确定，回避老题材

市场上新旧题材的轮换带来的盈亏效应是特别明显的，当新题材确立并形成赚钱效应时，老题材便可能开启下跌模式。市场的上涨大部分是局部的，A 股市场是个大存量市场，资金是有限的，A 股市场有 5000 多只股票，注定整体的行情是无法持续的。这一点特别重要，有些新手小白却后知后觉。在交易上一定要避免充当实力接盘侠。

（七）交易中常见的错误

交易中常见的错误有行为上的，也有心理上的。对于大部分交易者来讲，普遍有以下通病。

第一，缺乏交易模式，乱开“随手单”。

大部分交易者缺乏一套行之有效的交易模式，这是造成亏损的根本原因，相当于还没摸到股市的门，容易情绪化交易。他们买卖完全被市场牵着鼻子走，看到一个利好或某个板块涨起来，就产生应激反应，生怕自己错过，情绪化地追涨，又在恐惧中割肉，常常追涨杀跌，这都是因为没有一套方法规避风险和衡量买入的标准。所以控制情绪化交易的核心是建立一套交易模式，然后遵章行事，所有的交易都按照规则来。无论发生什么都有一套应对方法，情绪化交易就会大大减少。

一套完整的交易模式由择时、选股、仓位管理和风险控制等组成，有了这样的操作标准，在复杂多变的市场中就能按部就班。万变的是市场，不变的是模式，只有依靠成熟的交易模式才能摆脱漫无目的的情绪化交易。

第二，缺乏耐心。

有了操作标准，却无法耐心等待信号出现，或者游走在多种模式之间，没有足够的耐心等待正确的交易时机，操作次数往往和收益成反比。一个优秀的交易者应该更注重交易的高概率性，好的机会肯定是稀缺的。

第三，喜欢补仓。

很多人认为补仓可以扭转亏损。市场里的下跌趋势是不以人的意志为转移的，个股在下跌中也不是个人通过补仓就能扭亏为盈的。即使按照交易模式操作，买入一只股票出现浮亏也是常有的。出现浮亏后，冷静的交易者有两个原则：一是不着急割肉，二是不着急补仓。要对市场环境、题材走势、个股位置进一步分析，研判下一步操作。如果一段时间里，你的操作一直很完美，突然买入一只股票出现浮亏，这大概率不是你的错，先去看行情是不是走弱了，题材是不是出现“A 杀”了，再决定去留。出现浮亏以后最不能做的事情是盲目加仓。如果个股浮亏是短期的情绪带来的，股价会随着情绪的回升，怎么跌的就怎么回来，所以我们不需要加仓。如果是行情导致的亏损，浮亏的个股在近期是不会出现加仓位置的，因为它要再次等待周期轮动、题材轮动，时间可长可短，补仓有可能面临的是雪上加霜。在操作上，我几乎从不在亏损的股票上进行加仓操作。

第四，没有风险意识。

股市是一个风险利益场，强调风险在前、利益在后。一个优秀的交易者，必定是一个好的风险管理者。其实只要能控制住风险，把握住少数的几次机会，就可以超越市场上 95%的人。然而大部分交易者是没有风险意识的，不管市场多么低迷，时时刻刻满仓操作，风险意识薄弱，大仓位亏钱，小仓位赚钱。

盈利的底层逻辑是“止损持盈”，交易带来的盈利不应该是一时带来的，应该是一直带来的，依靠复利原则。

著名的交易心理学家范 K. 撒普博士曾研究过大量的优秀交易者，虽然这些交易者采取的交易策略和方法不尽相同，但他总结出，这些成功的交易者具备如下共同特征：

（1）个人生活周全、均衡。

（2）具备积极的态度。

（3）怀有赚钱的动机。

（4）对自己的交易结果负责。

（5）牢固掌握一套分析和交易的方法。

（6）能够不存在普遍的偏见，保持客观理性，从而制定正确合理的决策。

（7）具备独立思考的能力。

（8）具备优秀的风险控制能力。

（9）具备保持耐心的能力。

学习投资是一个从简单到复杂，再从复杂到简单的过程。

在技术上如何化繁为简？要学习或找到一套自己能够稳定盈利的做单依据，并接受实战检验；通过了市场的考验，不再相信任何小道消息、秘密指标和神秘战法。技术的本质是工具和武器，但工具和武器不能使用得太杂，而要重实用。在武侠小说中，武功高深的人，哪有天天换武器、换武功的，不都是一套绝学、一套心法和一杆长枪或一把刀剑用到底。人性的问题最后还是要靠系统和规则去解决。

第六节 新“国九条”发布，引领市场新方向

2024年4月12日，《国务院关于加强监管防范风险推动资本市场高质量发展的若干意见》（简称新“国九条”）出台，共有9个部分，是中国资本市场的第三个“国九条”，全文如下：

党的十八大以来，我国资本市场快速发展，在促进资源优化配置、推动经济快速发展和社会长期稳定、支持科技创新等方面发挥了重要作用。为深入贯彻中央金融工作会议精神，进一步推动资本市场高质量发展，现提出以下意见。

一、总体要求

以习近平新时代中国特色社会主义思想为指导，全面贯彻党的二十大和二十届二中全会精神，贯彻新发展理念，紧紧围绕打造安全、规范、透明、开放、有活力、有韧性的资本市场，坚持把资本市场的一般规律同中国国情市情相结合，坚守资本市场工作的政治性、人民性，以强监管、防风险、促高质量发展为主线，以完善资本市场基础制度为重点，更好发挥资本市场功能作

用，推进金融强国建设，服务中国式现代化大局。

深刻把握资本市场高质量发展的主要内涵，在服务国家重大战略和推动经济社会高质量发展中实现资本市场稳定健康发展。必须坚持和加强党的领导，充分发挥党的政治优势、组织优势、制度优势，确保资本市场始终保持正确的发展方向；必须始终践行金融为民的理念，突出以人民为中心的价值取向，更加有效保护投资者特别是中小投资者合法权益，助力更好满足人民群众日益增长的财富管理需求；必须全面加强监管、有效防范化解风险，稳为基调、严字当头，确保监管“长牙带刺”、有棱有角；必须始终坚持市场化法治化原则，突出目标导向、问题导向，进一步全面深化资本市场改革，统筹好开放和安全；必须牢牢把握高质量发展的主题，守正创新，更加有力服务国民经济重点领域和现代化产业体系建设。

未来5年，基本形成资本市场高质量发展的总体框架。投资者保护的制度机制更加完善。上市公司质量和结构明显优化，证券基金期货机构实力和服务能力持续增强。资本市场监管能力和有效性大幅提高。资本市场良好生态加快形成。到2035年，基本建成具有高度适应性、竞争力、普惠性的资本市场，投资者合法权益得到更加有效的保护。投融资结构趋于合理，上市公司质量显著提高，一流投资银行和投资机构建设取得明显进展。资本市场监管体制机制更加完备。到本世纪中叶，资本市场治理体系和治理能力现代化水平进一步提高，建成与金融强国相匹配的高质量资本市场。

二、严把发行上市准入关

进一步完善发行上市制度。提高主板、创业板上市标准，完善科创板科创属性评价标准。提高发行上市辅导质效，扩大对在审企业及相关中介机构现场检查覆盖面。明确上市时要披露分红政策。将上市前突击“清仓式”分红等情形纳入发行上市负面清单。从严监管分拆上市。严格再融资审核把关。

强化发行上市全链条责任。进一步压实交易所审核主体责任，完善股票上市委员会组建方式和运行机制，加强对委员履职的全过程监督。建立审核回溯问责追责机制。进一步压实发行人第一责任和中介机构“看门人”责任，建立中介机构“黑名单”制度。坚持“申报即担责”，严查欺诈发行等违法违规问题。

加大发行承销监管力度。强化新股发行询价定价配售各环节监管，整治高价超募、抱团压价等市场乱象。从严加强募投项目信息披露监管。依法规范和引导资本健康发展，加强穿透式监管和监管协同，严厉打击违规代持、以异常价格突击入股、利益输送等行为。

三、严格上市公司持续监管

加强信息披露和公司治理监管。构建资本市场防假打假综合惩防体系，严肃整治财务造假、资金占用等重点领域违法违规行为。督促上市公司完善内控体系。切实发挥独立董事监督作用，强化履职保障约束。

全面完善减持规则体系。出台上市公司减持管理办法，对不同类型股东分类施策。严格规范大股东尤其是控股股东、实际控制人减持，按照实质重于形式的原则坚决防范各类绕道减持。责令违规主体购回违规减持股份并上缴价差。严厉打击各类违规减持。

强化上市公司现金分红监管。对多年未分红或分红比例偏低的公司，限制大股东减持、实施风险警示。加大对分红优质公司的激励力度，多措并举推动提高股息率。增强分红稳定性、持续性和可预期性，推动一年多次分红、预分红、春节前分红。

推动上市公司提升投资价值。制定上市公司市值管理指引。研究将上市公司市值管理纳入企业内外部考核评价体系。引导上市公司回购股份后依法注销。鼓励上市公司聚焦主业，综合运用并购重组、股权激励等方式提高发展质量。依法从严打击以市值管理为名的操纵市场、内幕交易等违法违规行为。

四、加大退市监管力度

深化退市制度改革，加快形成应退尽退、及时出清的常态化退市格局。进一步严格强制退市标准。建立健全不同板块差异化的退市标准体系。科学设置重大违法退市适用范围。收紧财务类退市指标。完善市值标准等交易类退市指标。加大规范类退市实施力度。进一步畅通多元退市渠道。完善吸收合并等政策规定，鼓励引导头部公司立足主业加大对产业链上市公司的整合力度。进一步削减“壳”资源价值。加强并购重组监管，强化主业相关性，严把注入资产质量关，加大对“借壳上市”的监管力度，精准打击各类违规“保壳”行为。进一步强化退市监管。严格退市执行，严厉打击财务造假、操纵市场等恶意规避退市的违法行为。健全退市过程中的投资者赔偿救济机制，对重大违法退市负有责任的控股股东、实际控制人、董事、高管等要依法赔偿投资者损失。

五、加强证券基金机构监管，推动行业回归本源、做优做强

推动证券基金机构高质量发展。引导行业机构树立正确经营理念，处理好功能性和盈利性关系。加强行业机构股东、业务准入管理，完善高管人员任职条件与备案管理制度。完善对衍生品、融资融券等重点业务的监管制度。推动行业机构加强投行能力和财富管理能力建设。支持头部机构通过并购重组、组织创新等方式提升核心竞争力，鼓励中小机构差异化发展、特色化经营。

积极培育良好的行业文化和投资文化。完善与经营绩效、业务性质、贡献水平、合规风控、社会文化相适应的证券基金行业薪酬管理制度。持续开展行业文化综合治理，建立健全从业人员分类名单制度和执业声誉管理机制，坚决纠治拜金主义、奢靡享乐、急功近利、“炫富”等不良风气。

六、加强交易监管，增强资本市场内在稳定性

促进市场平稳运行。强化股市风险综合研判。加强战略性力量储备和稳定机制建设。集中整治私募基金领域突出风险隐患。完善市场化法治化多元化的债券违约风险处置机制，坚决打击逃废债行为。探索适应中国发展阶段的期货监管制度和业务模式。做好跨市场跨行业跨境风险监测应对。

加强交易监管。完善对异常交易、操纵市场的监管标准。出台程序化交易监管规定，加强对高频量化交易监管。制定私募证券基金运作规则。强化底线思维，完善极端情形的应对措施。严肃查处操纵市场恶意做空等违法违规行为，强化震慑警示。

健全预期管理机制。将重大经济或非经济政策对资本市场的影响评估内容纳入宏观政策取向一致性评估框架，建立重大政策信息发布协调机制。

七、大力推动中长期资金入市，持续壮大长期投资力量

建立培育长期投资的市场生态，完善适配长期投资的基础制度，构建支持“长钱长投”的政策体系。大力发展权益类公募基金，大幅提升权益类基金占比。建立交易型开放式指数基金（ETF）快速审批通道，推动指数化投资发展。全面加强基金公司投研能力建设，丰富公募基金可投资产类别和投资组合，从规模导向向投资者回报导向转变。稳步降低公募基金行业综合费率，研究规范基金经理薪酬制度。修订基金管理人分类评价制度，督促树牢理性投资、价值投资、长期投资理念。支持私募证券投资基金和私募资管业务稳健发展，提升投资行为稳定性。

优化保险资金权益投资政策环境，落实并完善国有保险公司绩效评价办法，更好鼓励开展长期权益投资。完善保险资金权益投资监管制度，优化上市保险公司信息披露要求。完善全国社会保障基金、基本养老保险基金投资政策。提升企业年金、个人养老金投资灵活度。鼓励银行理财和信托资金积极参与资本市场，提升权益投资规模。

八、进一步全面深化改革开放，更好服务高质量发展

着力做好科技金融、绿色金融、普惠金融、养老金融、数字金融五篇大文章。推动股票发行注册制走深走实，增强资本市场制度竞争力，提升对新产业新业态新技术的包容性，更好服务科技创新、绿色发展、国资国企改革等国家战略实施和中小企业、民营企业发展壮大，促进新质生产力发展。加大对符合国家产业政策导向、突破关键核心技术企业的股债融资支持。加大并购重组改革力度，多措并举活跃并购重组市场。健全上市公司可持续

信息披露制度。

完善多层次资本市场体系。坚持主板、科创板、创业板和北交所错位发展，深化新三板改革，促进区域性股权市场规范发展。进一步畅通“募投管退”循环，发挥好创业投资、私募股权投资支持科技创新作用。推动债券和不动产投资信托基金（REITS）市场高质量发展。稳慎有序发展期货和衍生品市场。

坚持统筹资本市场高水平制度型开放和安全。拓展优化资本市场跨境互联互通机制。拓宽企业境外上市融资渠道，提升境外上市备案管理质效。加强开放条件下的监管能力建设。深化国际证券监管合作。

九、推动形成促进资本市场高质量发展的合力

推动加强资本市场法治建设，大幅提升违法违规成本。推动修订证券投资基金法。出台上市公司监督管理条例，修订证券公司监督管理条例，加快制定公司债券管理条例，研究制定不动产投资信托基金管理条例。推动出台背信损害上市公司利益罪的司法解释、内幕交易和操纵市场等民事赔偿的司法解释，以及打击挪用私募基金资金、背信运用受托财产等犯罪行为的司法文件。

加大对证券期货违法犯罪的联合打击力度。健全线索发现、举报奖励等机制。完善证券执法司法体制机制，提高行政刑事衔接效率。强化行政监管、行政审判、行政检察之间的高效协同。加大行政、民事、刑事立体化追责力度，依法从严查处各类违法违规行为。加大证券纠纷特别代表人诉讼制度适用力度，完善行政执法当事人承诺制度。探索开展检察机关提起证券民事公益诉讼试点。进一步加强资本市场诚信体系建设。

深化央地、部际协调联动。强化宏观政策协同，促进实体经济和产业高质量发展，为资本市场健康发展营造良好的环境。落实并完善上市公司股权激励、中长期资金、私募股权创投基金、不动产投资信托基金等税收政策，健全有利于创新资本形成和活跃市场的财税体系。建立央地和跨部门监管数据信息共享机制。压实地方政府在提高上市公司质量以及化解处置债券违约、私募机构风险等方面的责任。

打造政治过硬、能力过硬、作风过硬的监管铁军。把政治建设放在更加突出位置，深入推进全面从严治党，锻造忠诚干净担当的高素质专业化的资本市场干部人才队伍。坚决破除“例外论”“精英论”“特殊论”等错误思想。从严从紧完善离职人员管理，整治“影子股东”、不当入股、政商“旋转门”、“逃逸式辞职”等问题。铲除腐败问题产生的土壤和条件，坚决惩治腐败与风险交织、资本与权力勾连等腐败问题，营造风清气正的政治生态。(本文有删减)

2024 年 4 月 30 日，在新“国九条”对加强退市监管的指引下，沪深证券交易所修订完善并正式发布相关退市规则（统称退市新规）。

一、退市规则

1. 净利润方面：(1) 最近一个会计年度经审计的净利润为负值且营收低于 1 亿元（双创）；(2) 最近一个会计年度经审计的净利润为负值且营收低于 3 亿元（主板）。

2. 收盘总市值：（1）连续20个交易日收盘总市值低于3亿元（双创）；（2）连续20个交易日收盘总市值低于5亿元（主板）。

3. 财务造假：（1）存在虚假记载持续三年及以上；（2）一年虚假记载金额超过2亿元且占比超过30%；（3）连续两年虚假记载金额超过3亿元且占比超过20%（适用于2024年及以后）。

4. 占用资金：（1）占用资金超过净资产的30%或占用资金超过2亿元。

5. 财务报告：会计师事务所连续三年出具否定意见或无法表示意见的报告。

为了充分考虑市场平稳过渡的客观需要，减小对市场的冲击，新老划断，对相关指标给予一定改善期限。

二、 ST规则

1. 大股东占用资金超过1000万元或达到净资产的5%。

2. 公司无故对外担保（除自己控股的子公司外）。

3. 董事会、股东会无法正常召开也不能表决意见。

4. 会计师事务所出具否定意见或无法表示意见的审计报告。

5. 公司业务受到严重影响且预计在三个月内不能恢复正常。

6. 银行账户被冻结。

7. 连续三年净利润或扣非净利润有一个是负数且一年审计报告显示公司持续经营能力存在不确定性。

8. 公司被认为是失信人。

9. 分红不达要求。

10. 被认定财务造假的，自收到处罚决定书之日起，即实施

ST，待满足条件后方可申请撤销。撤销 ST 方面需要满足以下条件：行政处罚决定书作出已满 12 个月，以及上市公司已经完成处罚事项的追溯调整。上市公司在申请撤销 ST 时，已被提起证券虚假陈述诉讼的，应当充分披露相关事项进展并提示风险，且已充分计提相关投资者索赔预计负债。

11. 内控否定或者无法表示意见，第一年实施 ST，第二年实施*ST，第三年直接退市。

三、"不溯及既往"原则

本次退市规则改革充分考虑市场平稳过渡的客观需要，追溯适用安排总体遵循"不溯及既往"原则，对于财务类、规范类、市值类等指标均给予了一定的改善期限。

一是关于财务类退市指标（最近一个会计年度经审计的利润总额、净利润或者扣除非经常性损益后的净利润孰低者为负值且营业收入低于 3 亿元）。修改后的主板财务类"亏损+营业收入"组合指标等从 2024 年年报开始适用，明年适用组合财务指标触及退市的公司家数预计在 30 家左右；明年可能触及该指标并实施退市风险警示的公司约 100 家，这些公司还有超过一年半时间来改善经营、提高质量，2025 年底仍然未达标准，才会退市。

二是关于交易类退市指标。修订后的市值类退市指标（连续 20 个交易日在本所的每日股票收盘总市值均低于 5 亿元）也设置了 6 个月的过渡期，市值退市指标，自 2024 年 10 月 30 日起施行。除已锁定退市的公司外，沪深两市当前仅 3 家主板公司市值低于 5 亿元，均为风险警示公司，且部分公司已多重风险交织，面临其他类型的退市风险。

三是对于规范类退市新增情形。修订后的资金占用［公司被控股股东（无控股股东，则为第一大股东）及其关联人非经营性占用资金，余额达到最近一期经审计净资产绝对值的30%以上，或者金额超过2亿元，被中国证监会责令改正但公司未在规定期限内改正］和控制权之争退市自新规则发布之日起施行。新规则发布实施前，实施非经营性占用资金的控股股东、实际控制人已经发生变化，且现任实际控制人与资金占用方无关联关系的，原资金占用行为不适用新规则规范类退市。内控非标意见退市情形（连续两个会计年度的财务报告内部控制被出具无法表示意见或者否定意见的审计报告，或者未按照规定披露财务报告内部控制审计报告），以2024年度为第一个会计年度，也就是说若公司因2024年年报被出具内控非标意见，被交易所实施ST且后续两年均未改善的，最早将于2026年年报出具后被强制退市。

四是关于重大违法类退市指标。总体按照"不溯及既往"和稳定投资者预期的原则，以上市公司收到行政处罚事先告知书为新老划断时点。新规则发布实施后收到行政处罚事先告知书的，适用新规则关于重大违法强制退市的规定。新规则发布实施前收到行政处罚事先告知书的，适用原规则，不再追溯适用。

以下情形适用于2024年度及以后年度的虚假记载行为：根据中国证监会行政处罚决定载明的事实，公司披露的营业收入、利润总额或者净利润任一年度虚假记载金额超过2亿元，且超过该年度披露的相应科目金额绝对值的30%；或者公司披露的资产负债表中资产和负债科目任一年度虚假记载金额合计超过2亿元，且超过该年度披露的年度期末净资产金额绝对值的30%（计算资产负债表中资产和负债科目虚假记载金额合计数时，虚增和虚减金额合计计算）。

五是从严打击财务造假和资金占用。新规对连续3年及以上财务造假退市、资金占用未解决且未变更控制权、新规之后收到财务造假行政处罚决定书实施ST等情形予以有限追溯适用，目的是加大对违法违规行为的惩治力度。

（一）新规下的个股基本面研究，回避大风险

随着新“国九条”和退市新规的发布，新的政策指引了市场新方向。几类退市条款可以说是垃圾股的噩梦，交易者要做好个股基本面研究。下面我结合新规的几个角度说一下避坑方向，大前提是ST股票和*ST股票坚决不碰。我们是交易者，不是股市里的拾荒者和垃圾回收站。

1. 避免交易类强制退市情形

我们很少会碰到这种情形。从收盘价看，连续20个交易日收盘价低于1元的股票不要碰；从股东数量看，连续20个交易日股东人数少于2000人（创业板、科创板少于400人）的股票不要碰；从市值上看，收盘公司市值低于5亿元（创业板、科创板公司市值低于3亿元）的股票不要碰。

2. 避免财务类强制退市情形

退市新规进一步收紧了沪深A股财务类退市指标，有几个重

点：最近一个会计年度经审计的利润总额、净利润、扣除非经常性损益后的净利润中有负值，且扣除后的营业收入低于 3 亿元（创业板、科创板营业收入低于 1 亿元）。这个变化从之前的亏损公司的营业收入低于 1 亿元，提高至低于 3 亿元。遇到这类股票，也不要去参与交易。

3. 避免规范类强制退市情形

新政策增加了三项规范类退市情形：一是公司被控股股东（无控股股东，则为第一大股东）或者控股股东关联人非经营性占用资金的余额达到 2 亿元以上或者占公司最近一期经审计净资产绝对值的 30%以上，被责令改正但未在要求期限内完成整改，且在公司股票停牌两个月内仍未完成整改。二是连续两个会计年度财务报告内部控制被出具无法表示意见或者否定意见的审计报告（2024 年执行），或者未按照规定披露内部控制审计报告。三是因公司股本总额或者股权分红发生变化，导致连续 20 个交易日股本总额、股权分布不再具备上市条件，在规定期限内仍未解决。遇到涉及上述三类情形的股票我们就不要碰了，连会计师事务所都没研究明白的事情，我们交易者更无法搞清楚了。

4. 避免重大违法强制退市情形

退市新规对财务造假进行严厉打击，里面分三个层面：一是从 2024 年起，公司披露的营业收入、利润总额或者净利润任一年度虚假记载金额达 2 亿元以上，且超过该年度披露的相应科目金额绝对值的30%，或者资产负债中资产和负债科目任一年度虚假记载金额合计达2亿元以上，且超过该年度披露的期末净资产金额绝对值的30%，简单说就是一年内虚假记载2亿元及以上且占比超过30%。二是从2024年起，公司披露的营业收入、利润总额、净利润连续两年虚假记载金额达3亿元以上，且超过该两年披露的相应科目金额的20%，或者资产负债表中资产和负债科目连续两年虚假记载金额合计达3亿元以上，且超过该两年披露年度期末净资产合计金额的20%，简单说就是连续两年虚假记载达3亿元以上且占比超过20%。三是从2020年起，公司披露的年度报告财务指标连续三年存在虚假记载。这类重大违法行为就像天雷，一旦从天而降就会祸及股民，所以炒股还是不能太敷衍。

除了退市新规外，国家还出台了一些分红约束和限制减持类规定，此类规定往往更加强硬。按规定，上市公司如果分红不达标将会被实施风险警示，也就是被ST。这一举措深刻体现了上层监管部门对投资者的高度重视。A股市场体系日益完善，正在经历一场大变革。

（二）A股市场存在较为明显的大小市值风格

按照上市公司市值规模大小进行划分，可以将A股市场划分为大市值风格和小市值风格。首先，我们需要确定大市值和小市值风格的代表指数。我们将沪深300指数（000300）作为大市值风格的代表，该指数由沪深市场中规模最大、流动性最好、最具代表性的300只股票作为样本；我们将中证2000指数（932000）作为小市值风格的代表，该指数由市值规模较小且流动性较好的2000只股票作为指数样本，反映市值规模较小的股票在市场中的整体表现。

2017—2020年市场经历了供给侧结构性改革、“漂亮50”炒作，以及“茅指数”“宁组合”题材单边上涨，大市值风格占据优势，2021—2023年市场以小市值风格占优，2024年新质生产力正在全面推进，市场风格再度迎来变盘关键点。

（三）市场炒作风格正在悄然变化

随着近几年监管态势趋严，市场不断优化改革，市场从核准制转向注册制。在注册制下，企业的上市条件比较宽泛，证券交易所不再对发行人的营业性质、财务状况、经营能力、发展前景等条件进行实质性审查，注册制更主张事后控制，证券的投资价值由投资者自己作判断。然而一边是注册制背景下的条件宽泛，另一边是新“国九条”和退市新规的严厉监管，由于市场政策面的导向，资金流向逐步发生转变，之前市场偏炒作风，很多业绩很差的个股走出“龙妖”属性，被炒出翻倍行情。概念和题材的炒作讲究朦胧感。因为亏损股、垃圾股一般具有流通市值小、股价便宜、散户少等特点，这样的股票前几年容易被主力拉升，成为市场的炒作目标。随着新“国九条”出台，市场政策加持，A股正在除去这种类型的炒作。别说垃圾股和亏损股了，市值小的股票在面临高涨幅的时候，都比较容易出现“A杀”，炒垃圾股的时代已经落幕了。我们可以清晰地看到，2024 年涨幅居高的个股，万丰奥威（002085）、中信海直（000099）、宗申动力（001696）、大众交通（600611）、金龙汽车（600686）、深圳华强（000062）等都走出了几倍的行情，它们的起涨市值都比较高，都是题材内的核心容量票，跟之前的小盘股炒作风格完全不一样。

比方说，微盘股流通市值一般不超过 30 亿元，每天的成交额从几千万元到几亿元不等，因为盘子小，主力比较好操控，也是游资作为情绪宣泄的窗口，单一主力或游资即可操控。

70 亿～300 亿元市值的核心容量票就不一样了，这种股票每日的成交额可能达到几十亿元到几百亿元，单个游资或主力无法完成控盘，它们更需要市场合力，属于机构和游资合力运作的股票。这种股票的上涨需要消息面的不断刺激、政策面的引导支持，在上涨初期因为盘子较大，市场的认可度和合力效应还没扭转，题材还没热起来，比较容易断板，比如大众交通（600611），在底部起涨的位置就有两次炸板，但随着题材发酵，机构和游资共舞，股票进一步得到市场合力，变成市场上可以拥抱的核心票，最终走出了 3 倍行情。

如图 1-11 工业富联（601138）断板案例所示，流通市值大的股票往往不会以连板的形式走出高度，尤其是在市场环境不好的情况下，容易形成断板，为我们实施反包策略提供了温床。

人生的大部分时间都是在平淡中度过的，单调的日常生活注定不易给人留下深刻的印象，但是，每个人的生命中总会有难以忘怀的岁月。之所以难忘，是因为这段时间发生了一些特殊的事

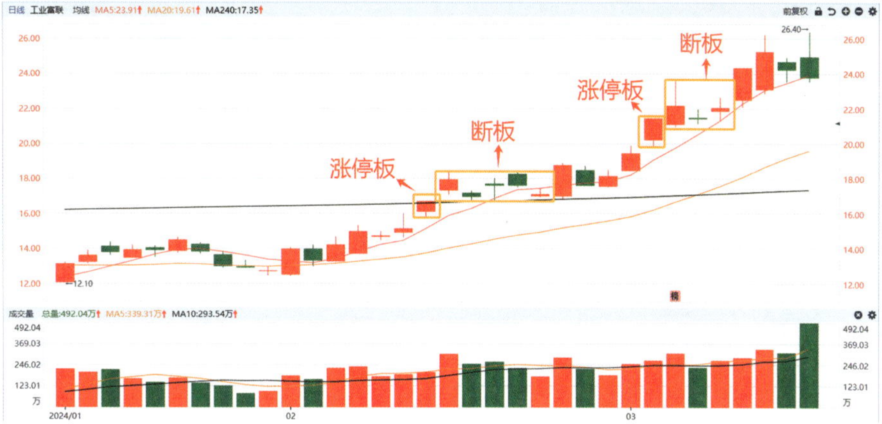

图 1-11　工业富联（601138）断板案例

情，比如炒股生涯中喜不自胜的盈利。我对这类给我带来盈利的核心容量票总是记忆犹新，如图 1-12、图 1-13 分别是万丰奥威（002085）断板案例和高新发展（000628）断板案例。

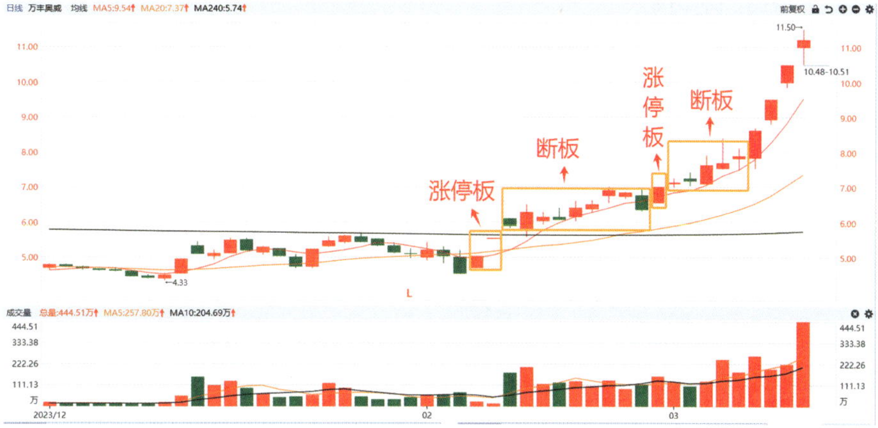

图 1-12　万丰奥威（002085）断板案例

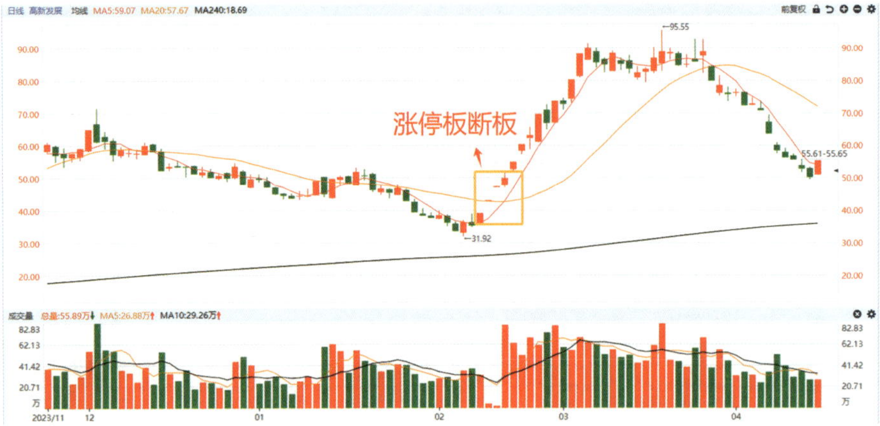

图 1-13　高新发展（000628）断板案例

核心容量票是市场上的容量担当，是题材内部的主力中军。交易这类股票比打板更安全，比低吸更明确。市场上以反包为主的交易方法被大量模仿和追逐。后面我会对这类以反包走势为主的股票进行深析。

第二章

交易策略详解

第一节　独树一帜的跌停板战法

跌停板在市场上并不少见，少见的是使用跌停板战法的人。在市场上跌停板让很多人闻风丧胆，敢在跌停板上动土的人别具一格，最起码他们在情绪上已然战胜了跌停板带来的恐惧。我研究跌停板多年，对跌停板有着独特的见解。我认为凡事物极必反，盛极必衰，跌停板有主力秘密洗盘、暴力洗盘的大机会，也有空头竭力、多头开干的大趋势，还隐藏着主力不得不做的自救行为。

我把跌停板做了分类整理，将其具体分为低位跌停板和高位跌停板。面对不同类型的跌停板，我们参与的方法也不相同。

低位跌停板：指出现一个涨停板后断板，随后出现跌停板，跌停板和涨停板相隔不到 5 个交易日，如图 2-1、图 2-2 分别是拓维信息（002261）低位跌停板和四川九洲（000801）低位跌停板。

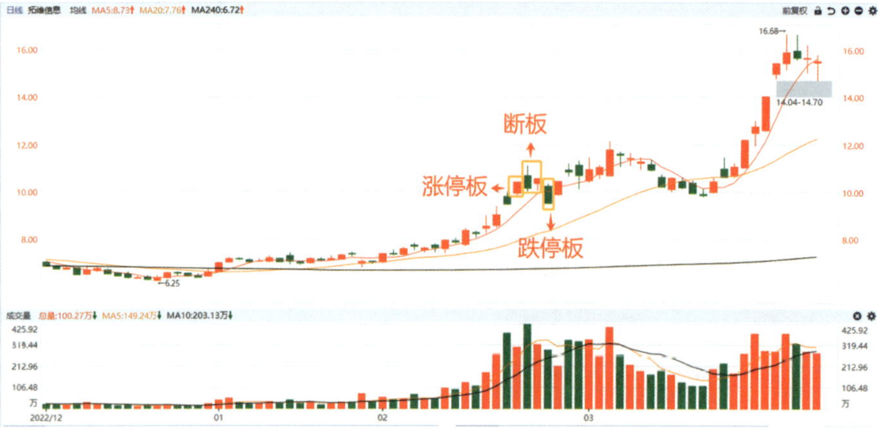

图 2-1　拓维信息（002261）低位跌停板

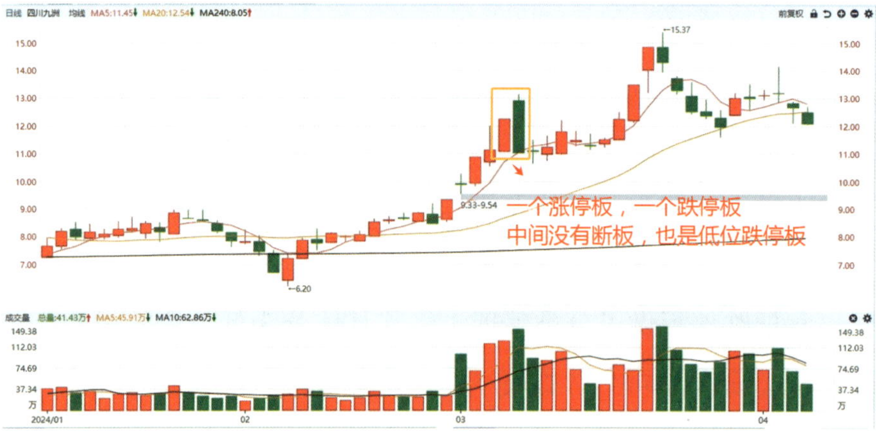

图 2-2　四川九洲（000801）低位跌停板

高位跌停板：指连续出现两个及以上涨停板后断板，随后出现跌停板，如图 2-3、图 2-4、图 2-5 分别是通化金马（000766）高位跌停板、飞龙股份（002536）高位跌停板和中国科传（601858）高位跌停板。

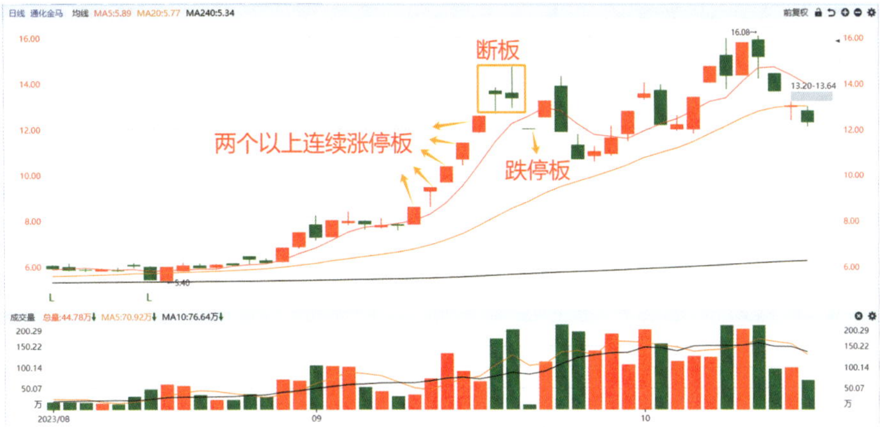

图 2-3 通化金马（000766）高位跌停板

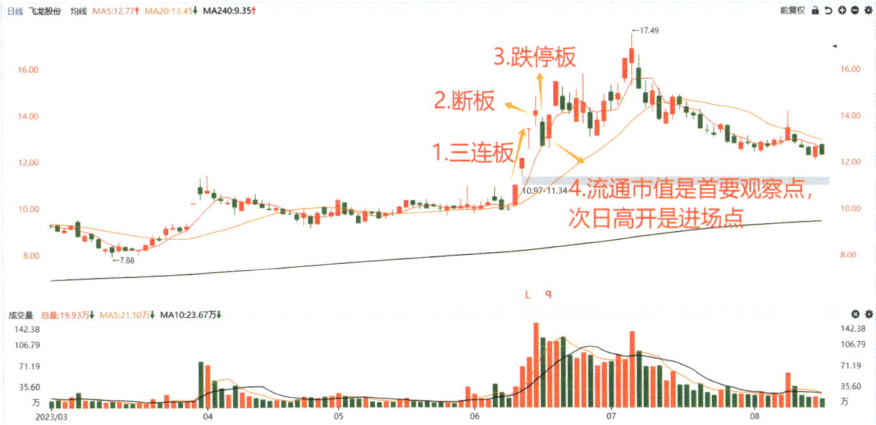

图 2-4 飞龙股份（002536）高位跌停板

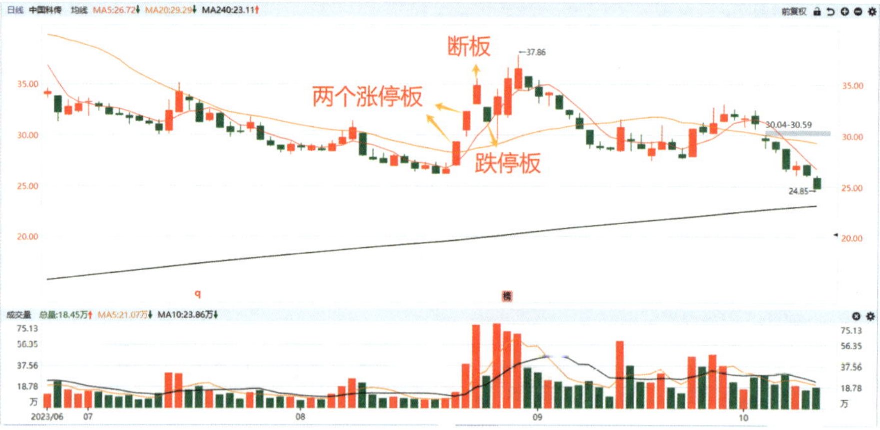

图 2-5　中国科传（601858）高位跌停板

跌停板战法是极端的反人性交易，我们不能看到跌停板就恐惧，也不能看到跌停板就觉得蕴藏着大机会，而是需要深入学习并深刻理解跌停板背后的资金秘密，这是掌握跌停板战法的核心要义。

（一）高位跌停板战法

按照多年的实战经验，我认为对于跌停板战法的初学者来说，高位跌停板比低位跌停板更好操作。在前文我给大家定义了高位跌停板，大家结合图表对高位跌停板有了初步的认识。高位跌停板主要是指股票大幅上涨，主力高度控盘，大幅获利后在出货阶段出现的跌停板，但不是所有的高位跌停板都有出手机会，需要掌握以下几个核心要点。

1. 盘子大的比盘子小的好

俗话说得好："大车难掉头。"这话用在这里非常合适，一般情况下，我们可以称流通市值大于50亿元的为大盘股，流通市值小于50亿元的为小盘股。盘子大的个股上涨的时候花的钱多，试想：拉一个小盘股的一个涨停板需要多少钱？拉一个大盘股的一个涨停板又需要多少钱？大盘股在上涨过程中成交额大，主力在兑现利润的时候，短时间内完不成派发任务，不得已只能再次拉升，让散户觉得又要走第二波行情了，个股情绪面高涨，散户愿意接盘，主力顺势出货，这种行为并不是单纯的主力自救。

2. 连板高度高的比连板高度低的好

连板高度进一步代表了个股的强度，有些个股在上涨过程中形成连板天梯，达到7连板甚至更高，这种上涨是需要大量资金的。一只股票盘子大，连板高度又高，要想拉动这个大家伙需要的资金就很多，主力出货阶段的反复性就更强，因为难出货，这个不难理解，跌停板背后隐藏着资金群体的秘密，所以当大市值遇上高连板高度，就很能体现资金的强度了。

3. 高位跌停板的进场点

综上所述，我们明确了高位跌停板的两个观察要点：一是盘子的大小，二是连板高度的高低。有了这两点，我们就能轻松选出性价比高的跌停板，现在还缺一个进场点，那就是高开，高开是高位跌停板战法的重要进场点。试想一下，一只股票当天跌停了，那么它里面的资金是恐慌的，趋势大概率是下行的，但是次日该股票没有大幅低开，反而高开了，就会形成弱转强的格局。我们把弱转强，也就是高位跌停板高开，作为主要的进场点。

4. 性价比决定仓位

很多人会问仓位的问题，市场上大部分人都喜欢平均分配仓位，但我却不赞同，我觉得仓位是由性价比决定的。如果一只股票符合你的条件，在你的认知里有 99.9%的概率是上涨的，难道你只上三成仓位吗？这显然和 99.9%的概率不成正比。所以我们在面临正确率大的机会时，要敢于放大仓位，这样才能做到收益最大化。结合上面所说，当性价比高的跌停板高开时，我们要学会匹配仓位，这样才能尽可能赚取更多利润。

下面我们结合实际，看几个重点案例。

如图 2-6 所示，通化金马（000766）五连板后断板，随后出现跌停板，我们以此作为观察点。首先要特别明确一点，跌停板

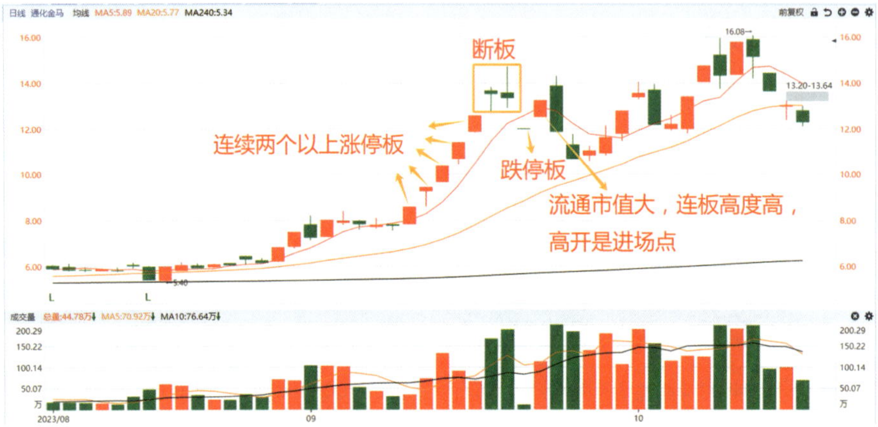

图 2-6　通化金马（000766）跌停板战法图解

的上车节点是次日高开，所以跌停板当天是不能潜伏的，因为大部分跌停的股票在次日会延续恐慌走势，股价会持续走低。很多人喜欢翘板，认为一只股票跌停后出现翘板就是资金吸筹的表现。事实上绝非如此简单。在实际操作中要坚决把跌停板当作观察点，把次日高开作为进场点。

这里有三个观察要点：第一，看市值。市值越大越好，确定场内资金的雄度。第二，看连板高度。连板高度越高越好，确定场内资金的力度。第三，通过市值和连板高度确定性价比，市值大的、连板高的堪称性价比之最，做好操作策略，以待时机。

如图 2-7 所示，飞龙股份（002536）在跌停板高开以后收获了 3 个涨停板，很多人会认为这个位置有第二波行情，但在实际操作中尤其是在熊市中，个股是很难走第二波行情的，所以跌停板模式是短线模式，不能轻易幻想会有第二波行情。

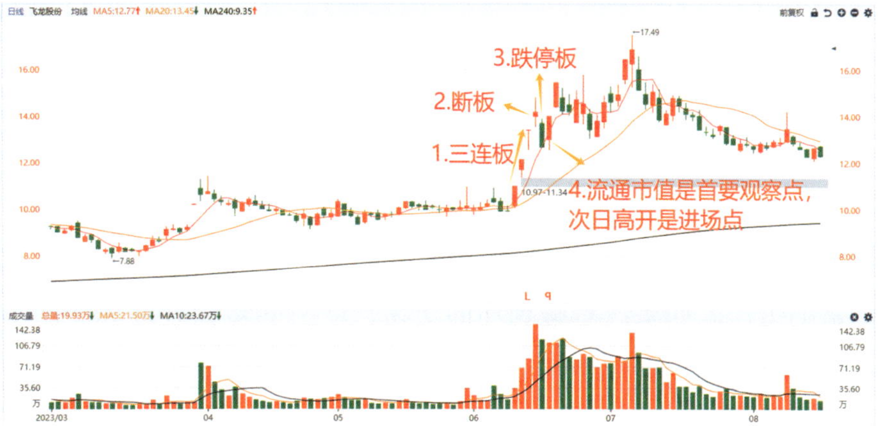

图 2-7　飞龙股份（002536）跌停板战法图解

如图 2-8 翠微股份（603123）跌停板战法图解所示，我们清楚地了解到市值大且连板高度高的跌停板，以高开为进场信号，随后该股有了不错的涨幅。但不是所有的个股都能立马迎来上涨，股价的上涨受情绪、环境和题材的影响，也会出现滞涨和不同幅度的回调。

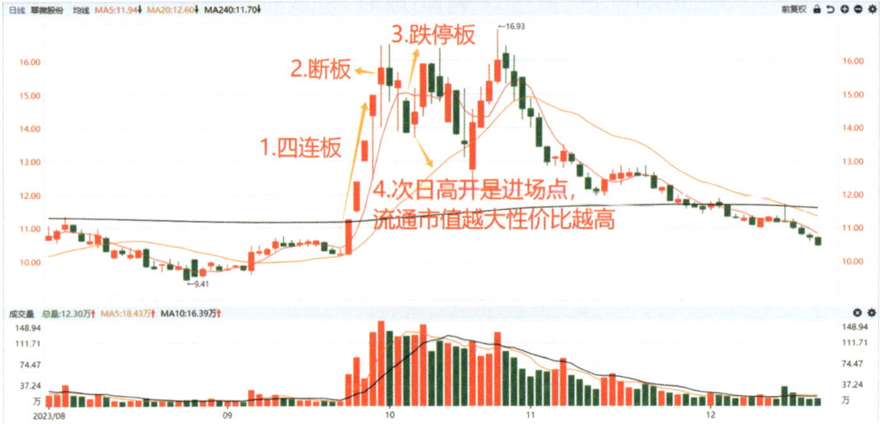

图 2-8　翠微股份（603123）跌停板战法图解

下面我们继续结合实际案例，进一步了解跌停板的特殊情况。

做交易最忌讳的是人云亦云，越是形势不好，越要有战略定力，不要跟着别人去抱怨，别人在抱怨市场的时候，他们的脑袋已经“出问题”了。我们要正确面对市场情绪带来的浮动亏损。对于一个真正的交易者来说，面临浮动亏损和处理浮动亏损是最日常的工作。如果没有碰到坏的交易，就不能学会处理坏事的本领。实践是检验真理的唯一标准，只有在大量的实盘操作中不断验证和修改自己的认识，才能更准确地看透本质。

个股受行情或题材回调影响，出现回调属正常现象。我们在面对浮亏时，要正确面对、深度分析，主要结合两个方面进行剖析：

第一，进一步确定个股是不是符合盘子大的要求。

第二，进一步确定个股上涨时的连板高度。

这两个是跌停板战法的核心要义，会在个股受行情和题材回调影响之后，深刻体现出包容性。

杰西·利弗摩尔说过一句话："罗马不是一天建成的，真正重要的趋势不会在一天或者一个星期就结束，它走完自身的逻辑过程需要时间。"利弗摩尔的这句话是想说明，股市里的大趋势一旦形成，反复性是很强的，并且不会轻易改变。个股上涨的过程是一个洗盘的过程，受行情或题材回调影响，股价会出现短暂回调。因为又经历了一次洗盘，当个股再次迎来上涨的时候，原先涨幅可能会被进一步打破，比如图 2-6、图 2-7、图 2-8 案例中的个股，跌停板高开后，没有回调直接涨停，上涨幅度就会比图 2-9 和图 2-10 案例中个股经过回调后的涨幅要小一点。

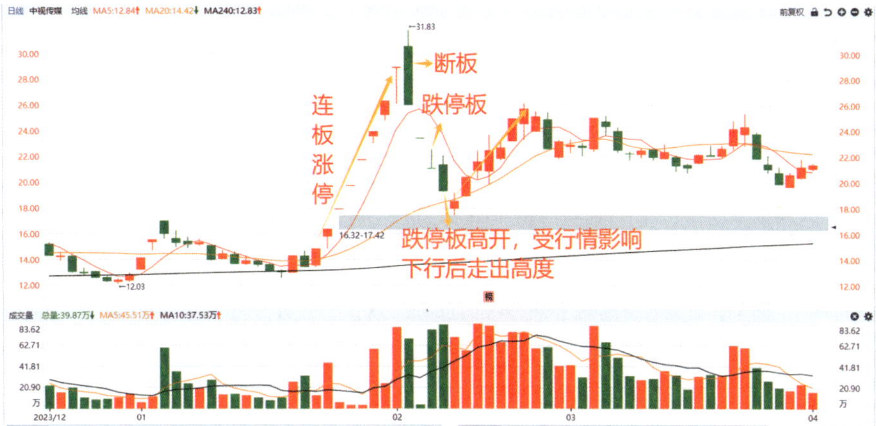

图 2-9 中视传媒（600088）跌停板战法图解

跌停板高开这种战法，不是都以涨停形式兑现利润的，所以在操作过程中要以现实为主，不能眼巴巴地只等涨停。现实生活

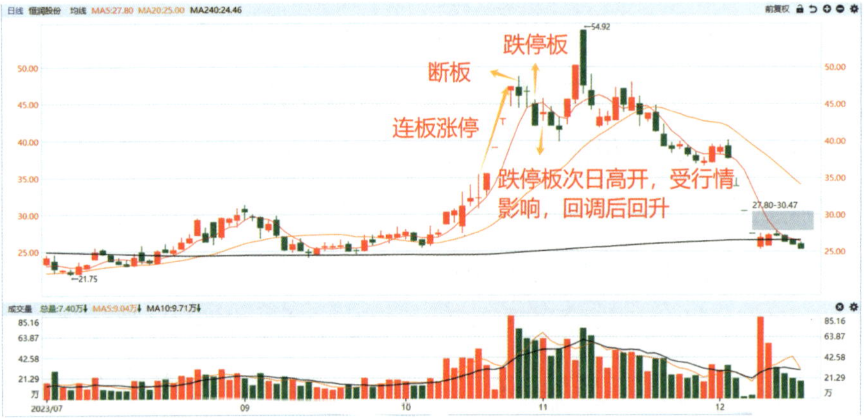

图 2-10　恒润股份（603985）跌停板战法图解

中每个人的脾气、性格都有不同，何况是个股呢！万变的是市场，不变的是模式。

图 2-11 是捷荣技术（002855）跌停板战法图解。该股在跌停板后高开，高开当日及次日都未涨停。在操作过程中，我们看到拉升就可以随时走，有利润要以兑现为目的，不能单纯想着涨停。

图 2-11　捷荣技术（002855）跌停板战法图解

如果我们用资金结合趋势的眼光去看待跌停板战法背后的逻辑，就不难明白，真正重大的资金进场表现在盘面上是个股涨停，个股的背后有题材作为支撑，题材的背后是政策的刺激，在盘面上也就形成了连锁效应，所以这类股票是市场方向的宣泄口，表现出市场资金的合力。大容量核心个股的上涨，体现的是资金的参与度和强度，反映在盘面上是资金给个股带来的上涨行情的持续性和反复性，也就是赚钱效应。历史总是会重复，一些操盘思想的精华仍被东西方的高手们运用。因为证券市场跟人性密切相关，千百年来人性的贪婪和恐惧始终没变，所以在证券市场关于人性方面的思考和方法也不会有太大变化。

大部分交易者战胜不了对跌停板的恐惧，所以跌停板战法鲜有人使用。

关于跌停板，很多人有一个误区，认为个股跌停后开板就是主力在吸筹，其实大部分是主力在抛售筹码，甚至跌停板开板以后立马又恢复封死状态，次日继续下跌。

很多人幻想出现地天板，想在主板上拿到20%的日内涨幅。其实真正的地天板一年都没有几个，地天板只是小概率事件。我很少研究此类小众操作，如果想收获日内20%的涨幅，大可不必研究地天板，创业板和科创板都是20%的设置。

（二）低位跌停板战法

低位跌停板也叫一板断跌停板，操作方法和高位跌停板大致相同。我们学习了高位跌停板高开的操作方法，而低位跌停板不仅高开时能进场，而且低开时也不是不能交易，但这里我重点讲低位跌停板高开的操作方法。

跌停板战法的核心就是流通市值大。流通市值大，涨停的时候成交的资金量就大。资金是个股行情反复和持续的关键。在讲跌停板战法之前，我没有阐述过多涉及题材的内容，因为对于新手交易者来说，题材并不是一点就通、一学就会的内容。跌停板战法比较适合新手操作，因为不需要掌握太多关于情绪、周期、题材等方面的技术内容。这套战法其实已经融合了市场情绪和题材，跌停板高开这个进场点就能体现市场情绪，市场情绪下杀的时候，跌停板是很少高开的，更何况是盘子比较大的跌停板，那就更不可能高开了。再说一下题材，个股市值也体现着题材，市值大的个股涨停不会是偶然的，背后有资金和政策面的双重保险。

下面结合案例看一下低位跌停板的实际操作，核心要求还是流通市值大。

如图 2-12 拓维信息（002261）跌停板战法图解所示，涨停板断板后出现跌停板，这是我们的观察点，次日高开是进场点。在股市里，耐心很稀有，很多人一踏进股市就想赚大钱，就想像干老本行一样顺风顺水，结果折腾了相当长的时间才发现股市的门槛虽然很低，但里面的沟太深、壁太硬，不学习根本没有出路，学习了以后还是没有耐心，没耐心等经典图形出现，没耐心等满足交易条件的形态。我见过很多学员在跌停板上“接飞刀”，他们没学跌停板战法之前觉得跌停板危机四伏，离跌停板八丈远，学习了跌停板战法之后觉得跌停板处处是机会，没等高开就肆意闯入。仔细想想这种行为有点傻，跌停板卖都卖不掉，为什么要去接盘呢？使用跌停板战法就像在垃圾堆里捡宝贝，垃圾多、宝贝少才是真谛，切记千万不要在跌停板上“接飞刀”，要博次日高开。

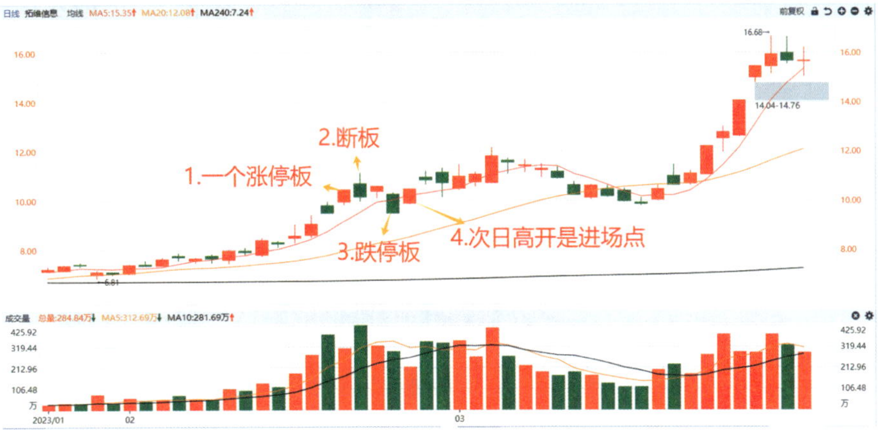

图 2-12　拓维信息（002261）跌停板战法图解

如图 2-13 四川九洲（000801）跌停板战法图解所示，该股出现跌停板并在次日高开以后，股价并没有立即拉升，个股受题材影响，横盘整理后拉升，在操作中要谨慎分析，耐心持股。

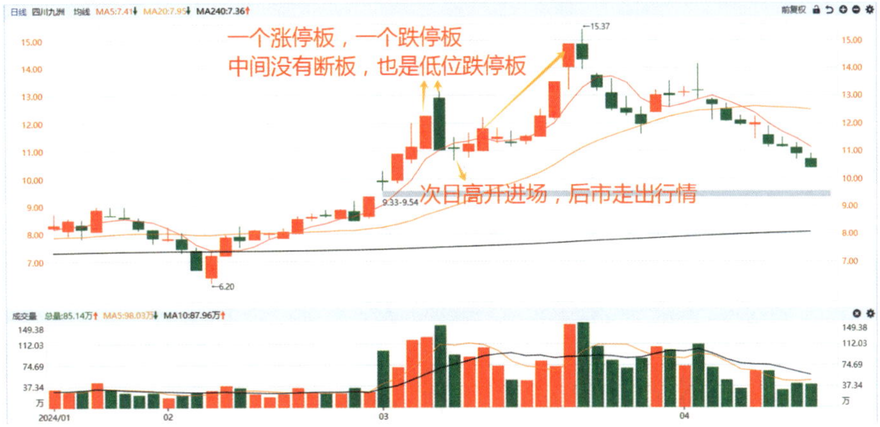

图 2-13　四川九洲（000801）跌停板战法图解

股价有起就有落，行情不会一直朝着一个方向延续，而行情的停滞，总会出现一些引人关注的特征，如图 2-14 焦作万方（000612）跌停板战法案例所示。

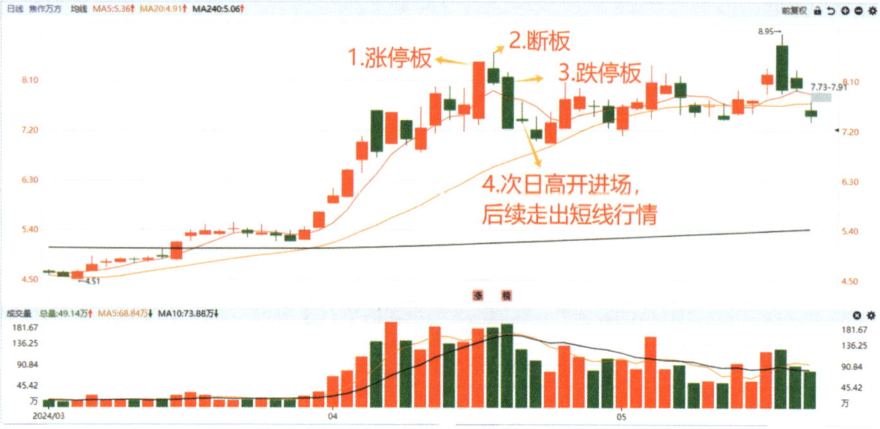

图 2-14　焦作万方（000612）跌停板战法案例

20 世纪令人瞩目的大钢琴家霍洛维茨演奏钢琴的技术举世无双，演奏钢琴对他来说不存在技术上的难度。他说过一句话："我用了一生的努力，才明白朴素原来最有力量。"市场上 5000 多只股票，永远是一部分在涨、一部分在跌，到底是跌还是涨？很多人被"必涨"K 线弄得晕头转向，被"神秘"均线缠绕到窒息，被"高深"的指标弄得神魂颠倒，被"精准"的消息搞得眼花缭乱，似乎是机会多多，但几个回合下来，资金账户濒临枯竭。正确的做法是：耐心等候强势的位置出现，强势的资金入场，经典的模式再现，然后放手一搏。值得全力以赴的机会不会很多，但是一直都有。

如图 2-15 锦江在线（600650）跌停板战法图解所示，该股在一波连续涨停后，出现了一板断板，随后出现跌停板。这个跌停板具有高位跌停板的特征：出现在较高的位置，前面有连续涨停，但是涨停并没有一直延续，原则上我们把这种跌停板定义为一板断跌停板。

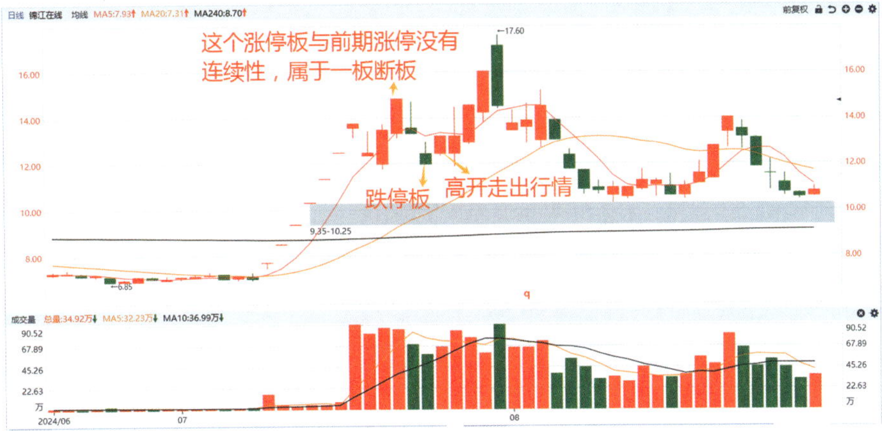

图 2-15 锦江在线（600650）跌停板战法图解

跌停板高开是个股弱转强的体现。在正常预期下，出现跌停板的次日应该是低开低走的，但如果该跌不跌，那么就值得重视了。这个超出正常预期的表现就是个股由弱转强的标志，跌停板高开利用的就是这一核心逻辑。至于为什么选择市值大的股票，那是因为市值小的股票竞价高开也不需要花费太多资金，资金强度的体现不明显。虽然市值小的股票的跌停板在次日高开后也出现上涨，但不具性价比。交易做的是确定性，是 80%成功和 20%失败。我举一个市值小的股票跌停板高开的例子吧。

如图 2-16 中晶科技（003026）失败案例图解所示，市值小的股票出现跌停板后高开，但随后一路下行。这种案例不止一个，究其原因，还是资金强度不够。盘子小，一点点资金就能达成高开目的，但是资金强度不够，不能持续。所以大家在操作的时候，要避免操作这类股票。虽然市值小的股票出现跌停板次日高开后也有涨停的现象，但这只是一个概率问题了，50%成功和50%失败，表明没有确定性，也就不用再花费无用的功夫去辩论一二了。

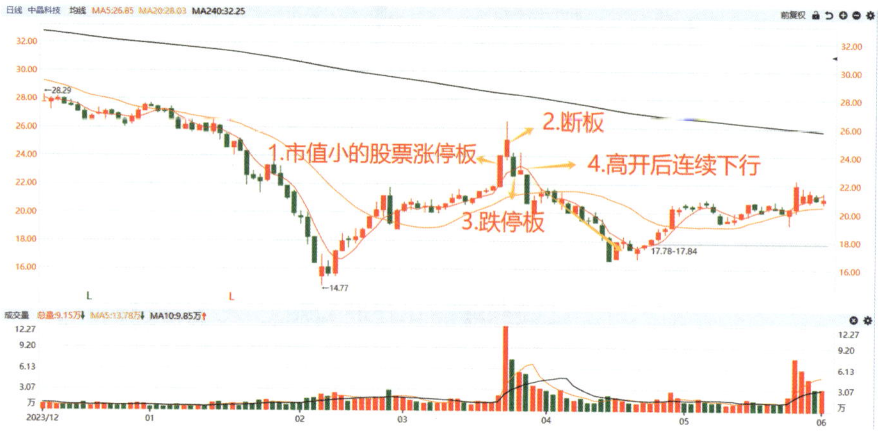

图 2-16　中晶科技（003026）失败案例图解

股市是个复利场，赚钱的不费力，费力的不赚钱。很多交易者没苦却硬吃。在市场上怎么容易怎么做，才能找到容易赚钱的方法。知道一些基本常识，知道一些道理，明白一些逻辑，遵循一定的盈利方式，重复做、反复做，重复赚钱、反复赚钱。

有人说：“换个角度，能看懂上下五千年。”就是说大到看世界，小到看事物，看待问题的角度不同，得到的结论也不尽相同。这句话告诉我们，当经过长时间的努力还是无法跨越鸿沟时，我们就要考虑换个角度去思考，风景不一定就在前方，也许一转身就正好看见夕阳。2019 年一次偶然的机会，我接触到了跌停板战法。原本我买了一只股票，遇到了跌停板。按照惯例，我应该快速止损出局并删除自选，因为之前我都是这么做的，常人也是如此。偶然的是，我并没有着急止损，冥冥之中自有天意，次日该股高开涨停。我欣喜之余发现了良机，迅速翻阅历史走势并不断试错，完善此方法，直到今天我把这套跌停板的方法完整地呈现给各位读者。

（三）暴力洗盘战法

暴力洗盘是主力资金在拉升过程中进行的一种操作，通过让个股快速下跌洗出获利盘和信心不坚定的持股者，以便抬高股价的平均成本，优化筹码结构，为后期的股价拉升做准备，同时，可以在低位获取更多的便宜筹码。

暴力洗盘的标的是热点板块中的热线股票。暴力洗盘的特点是时间短、振幅大，表现是不惜筹码地猛烈砸盘、让股价快速下跌，在图形上通常以大阴线为主，下跌幅度很大，往往跌幅在8%以上，更多的是直接出现跌停板，极易引起持股者的恐慌。主力在洗盘结束后又在短时间内快速拉升个股。能制造暴力洗盘的主力往往资金实力强大，能砸又能拉，表现出超凡的控盘能力。

经历过暴力洗盘后的个股，往往能开启一波上涨趋势。趋势票对大盘指数、市场情绪和国家政策的层面要求较高，好的环境才能形成大的趋势票。通常情况下，趋势票对大部分交易者来说是比较难抓的，配合暴力洗盘战法使用，交易者能迅速捕获一波上升趋势。

如果暴力洗盘发生在涨停板之后，这时进行操作也属于使用反包策略，但暴力洗盘洗的可以是跌幅 7% 以上的个股，也可以是出现跌停板的个股。

暴力洗盘战法的要点如下：

（1）暴力洗盘发生在涨停板之后；

（2）观察点跟反包策略里的其他战法相同；

（3）暴力洗盘需要有跌幅 7% 以上的阴线，跌幅不超过 7% 的股票，一般不作为暴力洗盘的观察标的。

暴力洗盘以速度闻名，包括两个快速：一是快速上涨，如图 2-17 上海贝岭（600171）暴力洗盘战法图解所示，个股在跳空高开后快速涨停；二是快速下跌，涨停板之后出现大幅度的快速回调。该战法一般以回调的次日高开作为上车点，如图 2-18 三六零（601360）暴力洗盘战法图解和图 2-19 海联金汇（002537）暴力洗盘战法图解所示。

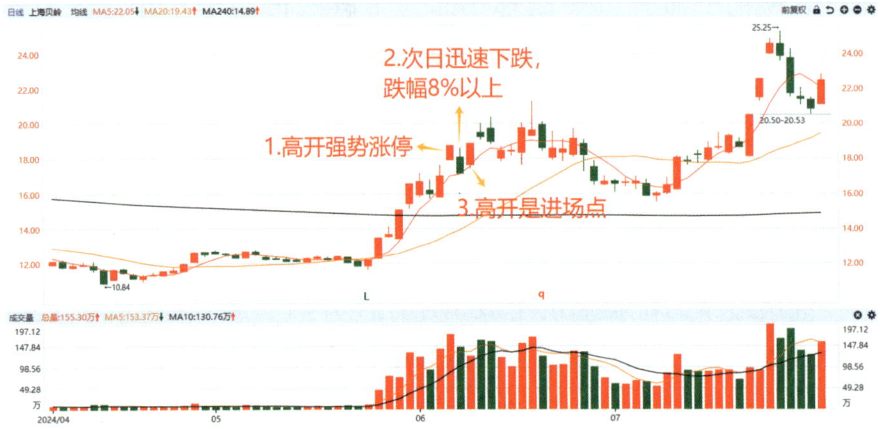

图 2-17 上海贝岭（600171）暴力洗盘战法图解

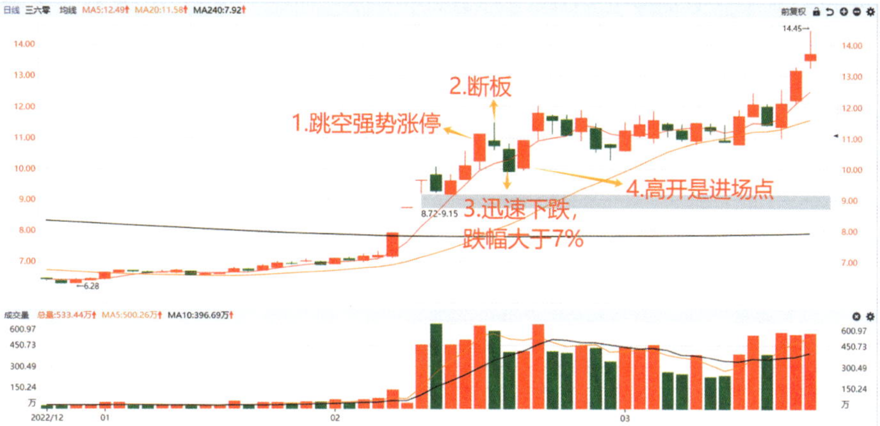

图 2-18　三六零（601360）暴力洗盘战法图解

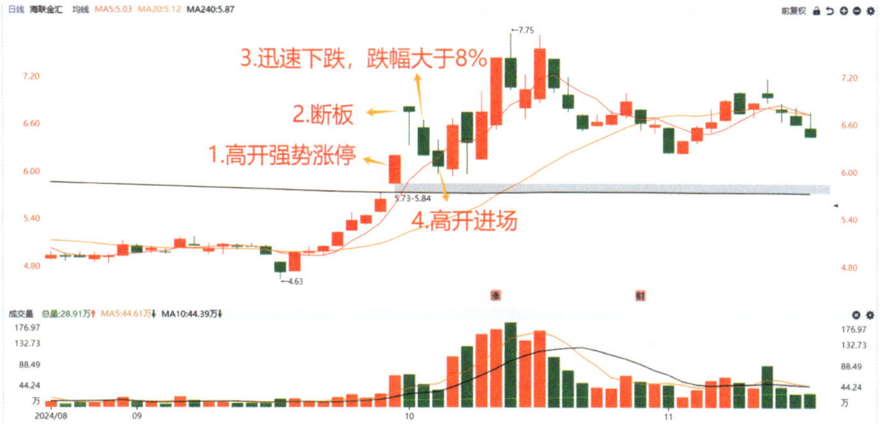

图 2-19　海联金汇（002537）暴力洗盘战法图解

暴力洗盘的图形以跳空涨停后的大幅度回调最为典型，上车点以高开最为经典，这类被暴力洗盘的个股最好操作。在实际操作中无论是小白还是职业交易者都非常得心应手。

暴力洗盘对于超短线交易者来说，机会比较多。

暴力洗盘多数是情绪带动的，出现在牛市居多，因为牛市暴涨暴跌，什么样的市场出什么样的股票，比如 2024 年 9 月 30 日股市气势大涨，很多股票跳空高开上板，猛烈的上涨往往带来猛烈的下跌，2024 年 10 月 8 日市场高开低走，次日迅速回调，市场收割利润，同时再次迎来低吸机会，会出现一批适合使用暴力洗盘战法的操作机会。

无论是跌停板战法还是暴力洗盘战法，在下跌的过程中，一定是跌得越快越好，跌得越急越好，因为猛烈的打压才能换来猛烈的上涨，这个说法肯定是有底层逻辑的。

个股在下跌过程中跌得快、跌得急，是谁在砸得快、砸得急呢？首先，我们要搞清楚这个问题。可能是散户吗？

对于一些一开盘就直线下杀的股票，散户有这么大的一致性吗？肯定不是散户，只要能排除不是散户，就可以认为这是主力行为。

为什么主力砸得越快越急就越好呢？

市场上砸得最快的跌停是一字板跌停，开盘即跌停，这类跌停是没有量的，砸得快、砸得急自然是主力为了在下跌过程中少量出货，封锁住高位的筹码。在下跌的过程中出现放量大阴线是最可怕的，这类阴线跌得慢、跌得缓，一步三回头，生怕散户把筹码扔掉。散户的交易心理也是这样被拿捏的。散户看到跌得快，内心就恐惧，立马把筹码扔出来，看到跌得慢反而不害怕，结果阴跌一整天。

还有一个问题，为什么流通市值大的股票跌得越快越好？

因为流通市值小的股票太容易被砸了，流通市值大的股票才不容易被砸。不容易被砸的股票被砸，才是这个市场上不正常的表现，我们能从中更清楚地看明白这不是散户能做的事情，是主力行为。主力资金有大政策支持、大方向引导。主力资金的操盘风格重在趋势，趋势是有波段的，波段就是高抛低吸的机会所在。所以主力资金是最有记忆的、最容易反复的，也是最不能追涨杀跌的。

第二节　聚焦主流题材

A 股市场是个政策市，每一波行情的上涨，都伴随着资金对题材的炒作。无论是涨幅巨大的主流题材，还是一日游的轮动题材，在我看来都是资金在作祟。分析市场离不开分析资金，分析题材离不开分析资金，分析个股更离不开分析资金，因为资金是市场的驱动力，市场、题材、个股上涨或下跌的一切根源均是资金。

其实我应该把题材的讲解放在整个章节的前面来讲，但对于跌停板模式来说，不需要过多关于题材的讲解分析，我把题材这一部分内容放在中间，可起到承上启下的作用，最重要的是为后面讲反包策略做铺垫。

（一）把握资金深层的供需关系是分析题材之本

很多交易者特别重视情绪面，甚至把情绪面作为核心要点长期分析，却缺少对资金面的分析。当市场资金面枯竭时，由情绪面推动的上涨只是雷声大雨点小，所以情绪面并不会带来题材的上涨。资金在哪，人气就在哪，资金的稀缺性导致市场通常运行在结构性的机会中，所以说每年涨幅大的题材是有限的。在多变的市场中，只有看清资金深层次的供需关系，才能抓住核心要点。

（二）发现题材的强势性

先有题材还是先有个股？我们要先搞明白这个问题。有人说先有题材，但题材里的个股不上涨怎么形成题材呢？一个题材上涨行情的启动，一定是多只个股轮番上涨，形成整个题材内的赚钱效应，从而吸引场外资金不断介入，形成“众人拾柴火焰高”的局面。只有源源不断的资金涌入，个股才会轮番出现新高。消息面的刺激是资金点火，题材爆发的第一步，无论是高层的讲话，还是行业的政策或突发利好，都是在一个时间节点爆发出来的，所以很多人喜欢炒作消息面。但这种单纯看消息进行的操作充满不确定性，因为大部分有好消息的股票得不到资金的持续介入。题材的强度靠消息的刺激和资金的认可这两个层面的支撑。如果市场上有很多消息发布，个股开始拉升，但整个题材就只有几只个股涨停，涨停的还都是小盘股，大资金不跟风，题材就没有强度更没有持续性。对题材的判断可以从定性和定量两个维度来分析。

1. 定性判断主流题材

从题材的性质出发，先看题材的启动是不是因为国家层面的大政策或行业内的新技术发布，如智能驾驶、低空经济等。这些题材都是上层不断出台政策刺激进而走出新高的，并且这类题材都是新题材，想象空间大。市场资金做新不做旧，资金更愿意参与到新题材中。

上海市提出，将创新车联网技术赋能，推动相关平台功能及政策优先在嘉定、南汇、奉贤新城落地，有序开展新城智能网联汽车应用范围，开展智能出租车、智能公交车等场景的规模化应用。这一消息是国家部门发布的，推动了智能驾驶题材的发酵。

2024 年 9 月 17 日，黎巴嫩首都贝鲁特以及黎巴嫩东南部和东北部多地发生手持寻呼机爆炸事件，寻呼机被炸成碎片，爆炸波持续了一个多小时。次日又发生对讲机爆炸事件，合计造成 39 人死亡、约 3000 人受伤。这一突发事件暴露了外国制造的电子设备可能被用于恶意攻击，推动了国家网络安全和关键移动设备的国产化进程。市场资金围绕网络安全这一题材进行了炒作。这类炒作随着突发事件的持续而持续，随着突发事件的消失而消失。

2. 定量判断主流题材

我们可以从题材爆发日的个股涨停数量看题材的强度。爆发日个股涨停数量超过 20 只就可以认定是比较强的题材，涨停数量代表着资金强度。资金进入题材参与炒作，题材内的个股涨停数量就多，题材就越可能走强；后续再观察题材的连板情况，有些题材是一日游或几日游。连板的数量也反映了题材的强度，只有助攻的多、跟风的多，形成市场合力，才会有更多的资金愿意参与其中，题材才会有强度。

（三）挖掘题材的延续性

题材的强度有时不能决定其延续性。有些题材看似很强，但短短一周内行情就结束，比如 AI 眼镜，题材内个股涨停数量挺多，但是没有延续性；还有“税改”，在短短几天内行情就结束了。这些都是没有延续性的题材。题材的延续性可以从三个方面进行分析。

1. 题材大小

大题材的影响力比较大，它的发展会使很多行业受益，甚至可以颠覆大家对传统行业的认知，能够覆盖多行业，行业上下游产业链比较完善，比如新能源汽车、人工智能、智能驾驶等都是科技创新驱动产生的大题材，从生产到销售能够覆盖多个行业，并能给多个行业带来收益。大题材内的个股数量也比较多，容量比较大，能承载大资金。有些小题材的影响力不够，只有少数公司受益，产业链条也不健全，题材内涉及的股票数量很少，有些题材内的个股数量不足 30 只，题材容量不够，承接不了大资金。很多题材就是因为级别不够，很难吸引大资金炒作。

2. 题材新旧

题材新旧比较好理解，一个旧题材的退潮就可能伴随新的题材出现。但新题材往往不能立刻衔接上一个大题材，因为题材是需要事件驱动的。很多时候一个大题材退潮时，很多小题材的级别不够，会产生一些自然的轮动。当所有小题材都走不出行情，市场又没有更新的题材时，资金就会回流到老题材，这是由题材的延续性决定的。大题材延续性比较长，包容性比较好。驱动题材的事件，有政策主导型的，包括一些新科技、新发明、新的商业模式，还有资产重组型的，市场上每年都有资产重组型的案例，比如国泰君安与海通证券合并等。这几类题材容易引起资金轮番炒作。

3. 题材强弱

题材的强度要靠市场的认可度来分辨，单看当天的个股涨停数量还不够，要看题材的相对强度。一个好的题材里龙头打高度、中军搞承接、小弟跟风，题材内部热火朝天，轮番炒作。好的题材往往有两个甚至两个以上的中军，比如低空经济里的万丰奥威（002085）、中信海直（000099）、宗申动力（001696），都是100亿元起步的大市值股，智能驾驶里的大众交通（600611）、金龙汽车（600686），算力板块的拓维信息（002261）、剑桥科技（603083）、鸿博股份（002229），这些中军股的涨停表明的是大资金的态度和预期，也是题材延续性强的表现。

我们也可以把题材按级别分类：

（1）强势热点题材。

这类题材符合国家级别层面的发展方向，被宏观性、方向性、战略性的政策指引，其势头猛烈而持久，涉及内容宽广而深远，发令者是国家的领导人、国家执政层面的权力部门或者代表人物。

比如，2024 年 9 月 13 日，国家发展改革委发布通知，强调将深化国有企业改革，推进原始创新制度安排，以及国有资本投资、运营公司的改革。此举旨在推动不同所有制经济共同发展，激发经营主体活力，促进经济优势互补。

国家发展改革委在通知中明确，将坚持和落实“两个毫不动摇”的原则，即毫不动摇地巩固和发展公有制经济，毫不动摇鼓励、支持、引导非公有制经济发展，以促进各种所有制经济共同发展。此外，还将推进国有经济布局优化和结构调整，制定相关指引目录，引导国有企业强化战略安全、产业引领、国计民生、公共服务等关键功能。同时，将制定民营经济促进法，确保国企与民企在制度和法律上得到平等对待，完善民营企业参与国家重大项目建设的长效机制，并支持有能力的民营企业承担国家重大技术攻关任务。这些措施将有助于完善中国特色现代企业制度，加快建设更多世界一流企业。

这个消息明显是国家层面发布政策指引，政策直指国企改革方向。随后国企改革板块异动，迎来一波猛烈上涨。

（2）局部热点题材。

这类题材涉及区域性、行业的利好，被扶持性、改善性、提升性的政策引领。题材可大可小，也有行业突破性新技术造就的强势热点题材。

比如，在华为 2024 年开发者大会上，余承东首次谈到华为 Mate70 系列新机，确认该系列新机将在当年第四季度和 Harmony OS NEXT 商用版一起发布。随后有更多消息爆料，新机拥有更具辨识度的外观，更强大的麒麟处理器，影像系统得到大幅提升，搭配纯血版鸿蒙系统，必然对友商新机构成极大挑战。华为鸿蒙系统“一次开发，多端部署”的特征为开发者提供了极大的便利，开发者只需进行一次开发就可以将应用部署到手机、平板、智能电视、智能穿戴设备等多种不同类型的终端，大大节省开发时间和成本，满足用户在不同场景下的使用需求。因此，华为鸿蒙系统的市场需求逐渐增加，随后华为概念迎来多轮资金持续炒作。

这类题材要看有没有巨大的商机、资金在题材内能不能形成热度，如果资金愿意买账，题材炒作就能形成赚钱效应。

看题材不能只盯消息，最关键的是看个股。一波行情的上涨，必然产生一波题材的上涨，但是题材内部往往分化较大，有些个股有较大涨幅，有些个股雷打不动、不跟涨，跟涨的个股都有其本身的逻辑。

题材重要，但题材是面，个股是点，我们做交易，还是要找到买入个股上车的时机，包括我们分析大盘、市场情绪、周期以及题材，都是为了找到个股，并发现个股上的进场点，比如分析大盘，大盘指数上涨不是所有的题材都涨，市场大部分时间还是局部行情的上涨，所以我们要分析题材。但题材的上涨也不能带来题材内所有个股的上涨。往往一波行情的上涨，都是有限数量的个股上涨，所以选股还是要学习个股上涨的逻辑，这是交易必不可少的环节。透过大盘、情绪、题材看清楚个股，才能真正踏上交易之路；反之，只能戴着有色眼镜，在大盘、情绪、题材之间混沌迷茫。

第三节 断板反包技术详解

反包是股市里常见的一种技术形态。近几年在交易市场中，反包策略以超高的性价比受到越来越多交易者的喜爱，很多打板交易者在经历了一定的交易历程之后，选择这类战法。我见过很多做反包策略的交易者，他们大多数都是市场里的“老手”，估计都是经受打击之后才做出这样的抉择。

（一）断板反包的定义和分类

我们这里说的断板反包，是指个股涨停之后并未延续涨停走势，形成了断板，之后再次出现反包的行情。

我们对断板做一下分类，可将其分为一板断、二板断和高位断板。出现一个涨停板后不再连板的称为一板断，出现两个涨停板后不再连板的称为二板断，出现三个及以上涨停板后不再连板的统称为高位断板。我们结合案例，更好地认识一下各类断板，图 2-20、图 2-21、图 2-22 分别是一板断示例、二板断示例和高位断板示例。

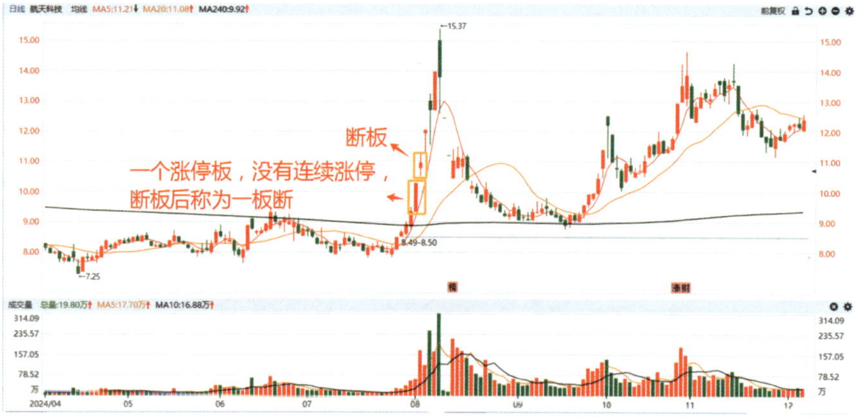

图 2-20　一板断示例

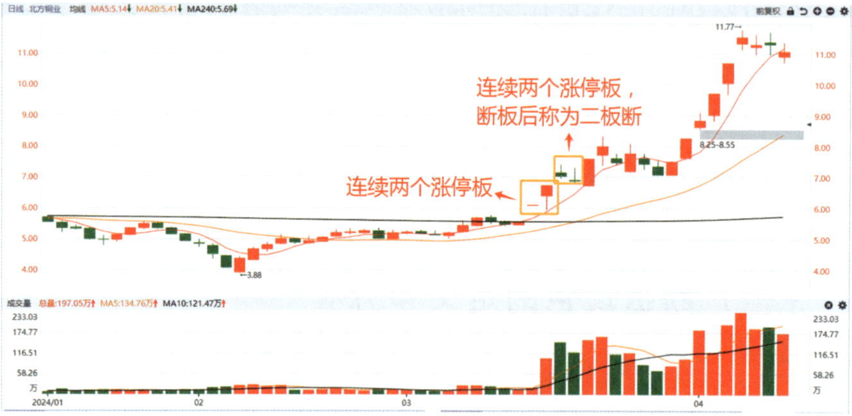

图 2-21　二板断示例

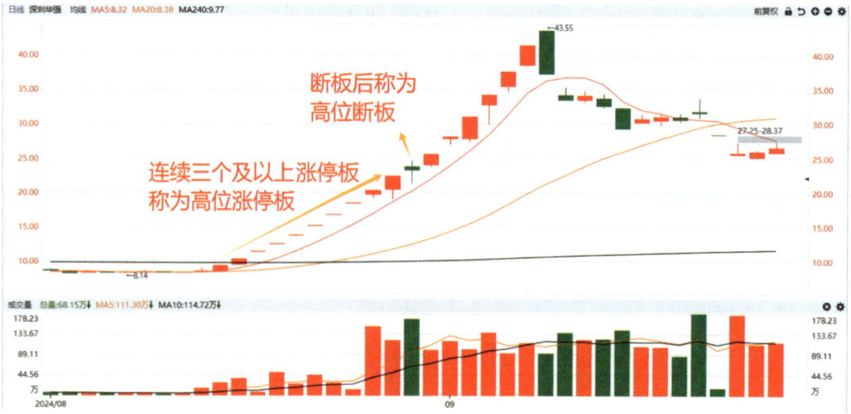

图 2-22　高位断板示例

我们要对每一类断板股票进行深入分析，因为低位断板和高位断板背后的逻辑不同，所处的位置也不一样，所以不能一概而论。

（二）反包的观察要点

股票涨停中断，是内部资金出现分歧的表现，看空资金的流出大于看涨资金的流入，这个时候是不能轻易看多的，尤其是股票高位断板后。但若个股能走出反包形态，意味着资金对股票的看法出现了一致性的逆转。这种逆转肯定是需要一定条件和逻辑的，我梳理了四个观察要点。

第一，题材。

在前文我总结整理了聚焦主流题材的方法，大家可参考其中要义，越是贴近市场的主流题材，个股出现反包的机会就越多，反复性和持续性就越强。

第二，位置。

个股的位置是上涨的基石，股票所处的位置是该股是否有上涨空间的基础，位置高、涨幅大的股票上涨空间有限，涨幅翻倍的个股都是从底部起来的，鲜有个股在中部走出翻倍行情，要想在高位走出行情就更加困难了。位置低的股票自带延展性，各路资金都喜欢炒作盘子干净、位置低的股票。我尤其重视年线这个位置，年线是个股的生命线，有些个股站上年线就开启暴力模式，比如深圳华强（000062）、大众交通（600611）、金龙汽车（600686），都是在年线位置起涨的。

第三，人气和市场地位。

先说人气，人气股多指市场上的龙头股，关注的人比较多，市场上跟风资金也会很多，反复性也比较强，更容易走出反包行情。此类股票有个缺点，那就是股价振幅比较大。因为龙头股断板位置都在高位，意味着它们必须在大分歧中走出来才能走出反包形态，所以股价振幅比较大。股价的上涨本身就要经历重新洗盘这个过程。

再说市场地位，市场地位高的个股不单指龙头股，还包括题材里的中军，它们能发挥承接题材资金的作用，在题材中占据比较重要的地位。大容量的核心中军股，往往不走连板形态，是做反包策略的首选。

第四，涨停板断开之后。

对于反包策略来说，所有的技术分析都建立在涨停板断板之后，没有出现涨停板之前不观察，涨停板没断板不观察。因为没有技术分析要点，所以反包战法的观察点是特别明确的。

涨停板之后容易再出涨停板，一个近期连涨停板都没有的股票，是很难走出行情的，资金、题材、涨停板都是有记忆的。

（三）反包战法

战法1：炸板反包

有些交易者看到炸板的股票就害怕，这是交易心理在作祟。炸板是“在车上”的人该害怕的事情，我们是炸板的观察员，买在炸板之后，所以先克服一下自己恐慌的心理。成功建立在不断刷新认知之后，很多你觉得不可能的事情，在充分了解以后你可能会大喊不可思议。认知上的提升是可以直击心灵深处的，它可以产生共鸣。

1. 炸板的定义和炸板的原因

股票炸板是一个术语，指的是股票在涨停板或跌停板的位置上，突然出现大量的卖单或买单，使得股价偏离涨停板和跌停板的价格，从涨停板打开或者跌停板打开。注意，涨停板（或跌停板）打开后盘中回封的是烂板，不是炸板。

涨停板炸板是指最少有一个涨停板之后发生的炸板。炸板的前面一定要有涨停板，这是我们做反包的基本原则。需要注意的是，这里的炸板，是指涨停板炸板，不是跌停板炸板。

图 2-23、图 2-24、图 2-25 是几个涨停板炸板战法图解案例。

图 2-23 涨停板炸板战法图解案例（1）

图 2-24　涨停板炸板战法图解案例（2）

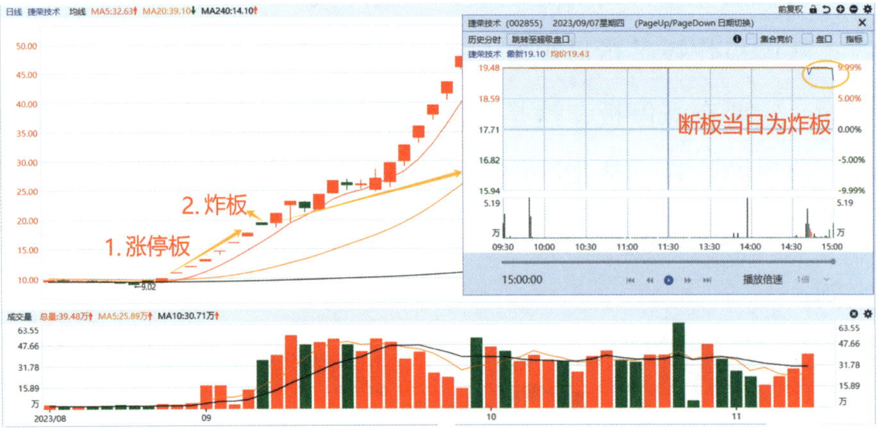

图 2-25　涨停板炸板战法图解案例（3）

通过上面三张图，我们对炸板有了新的认识。在实际操作中，炸板是有条件的，有了可行的条件，炸板就犹如有了鲜活的生命，否则就只是一个耐人寻味的观察点和一个令人害怕的卖出点。

炸板的原因有很多，在每个情绪周期、题材炒作中都会出现炸板。我简单总结归纳了两个重点：

（1）主力利用炸板进行洗盘或吸筹。主力资金在拉升股价之前，会利用炸板的方式将不坚定的筹码洗出，以减轻后市的拉升压力。这种情况一般发生在题材刚开始发酵时，此时题材内资金筹码不坚定，个股涨幅不大，往往处于低位，正在迎接市场的进一步发酵。

（2）主力利用炸板出货。在题材炒作中，当利好公布后，大量散户跟风买入，主力利用利好，在涨停板的位置大量卖出股票，完成获利筹码的兑现。这种情况发生在题材炒作最激烈的时候，题材内的龙头股已经处于高位，资金的分歧越来越大，龙头股炸板，或走出“A 杀”，或在分歧中接受市场的考验继续走出行情。

2. 股票炸板的观察条件

市场上炸板的股票有很多，但不是每一只都可以列入观察名单。我们要给炸板规定一个明确的范畴，并以此密切观察股票，以便我们捕获后市行情。

（1）炸板的股票，流通市值越大越好。我比较提倡和鼓励交易者，尤其是新手交易者在用反包战法的时候，选择流通市值大的股票。因为很多新手交易者不懂怎么看市场情绪，又分不清主流题材，操作被动，选择不到好的交易时机，选择交易的题材往往不是主流的，运用的方法都是微效或者无效的，发挥不了方法本身能创造的价值，操作起来犹如在套公式做一道数学题，容易走向一个没有解的死循环。股票的流通市值大，涨停的时候花费的资金必定是多的。大容量的核心股是不会被轻易拉涨停的。大资金背后引领的是大方向，大方向又有大政策支持，一个大题材的炒作是离不开资金承载的。《笑傲江湖》里提到，“三步之内必有解药”。所以直接观察市值大的炸板股票能让交易者无限接近主力。市值大的股票不仅上板需要很大的资金量，就连炸板也需要花费大量的资金，所以我们把流通市值放在首位，作为股票炸板的首要观察点。

（2）炸板当日，高开越多越好。流通市值大的股票股价高开，体现出资金做多意愿强，资金的一致性强，散户参与度不高；流通市值小的股票股价高开并不需要太多的资金和太强的一致性，没有分析的意义。从资金的角度分析，这一点毋庸置疑。一只股票，流通市值很大，高开上板是主力行为，封板需要大量的资金承接。市值大的股票因为盘子大，要想高开上板，需要的资金量也大，在题材发酵初期，炸板和断板是常态，有些炸板是行情启动的前奏，为后市上涨趋势奠定基础。

（3）炸板当日，股价收得越高越好。炸板当日股价收盘要在高位，比如收盘涨幅在6%～8%的高位，这是主力痕迹的体现，意味着主力需要花大量资金让股价维持在高位，也进一步表明主力是在吸筹，而不是单纯的炸板出货。

我们把这三个条件结合起来分析，流通市值大的股票高开炸板后股价一整天维持在高位，收盘价也在高位，这显然是有资金维护的盘面，也是个股强势的表现。只有无限接近主力，用主力思维思考问题，才能在市场中游刃有余。成功率是检验操作方法的试金石。一套成功率较高的方法，往往比较苛刻，要尽可能地屏蔽一些无用的分析，比如我就不愿意花过多的时间去研究流通市值小的炸板股票，资金的承载量不够，是否有题材作为支撑也不好分辨，市场上无缘无故上涨的小盘股太多了，很难看出主力的意愿，风险就是不确定性带来的。交易者只需要明确能明确的事情，摒弃不能明确的事情，并无限复刻这个过程，万变的是市场，不变的是方法，历史总会重复，这一严格的过程会给我们的操作带来不错的收益。

把这三个观察条件结合到一个案例中，我们可以更清晰地作出判断，如图 2-26 北方铜业（000737）炸板战法图解所示。

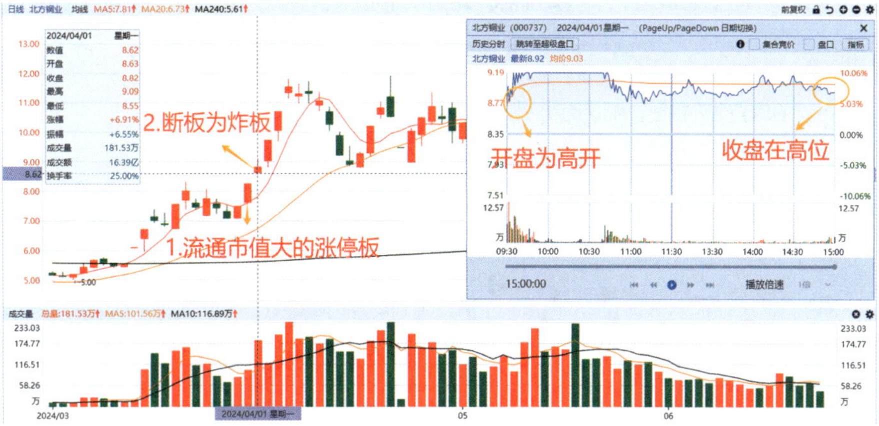

图 2-26　北方铜业（000737）炸板战法图解

图形是学习和掌握方法的法门，要将图表记忆在脑海的深处，随后慢慢理解方法背后的逻辑，包括为什么选择市值大的股票、为什么炸板当天要求高开、为什么收盘价要收在高位等。理解这些内容能让交易者在掌握不好热点题材的时候，取长避短，一眼识别主力行为，跟随主力脚步，寻找上车的机会。

3. 炸板反包战术的进场点

明白了炸板反包的逻辑要义和观察条件后，我们还需要一个明确的进场点，那就是高开。但炸板次日的高开才是明确的进场信号，它更能表明主力资金做多的意愿，能让我们的进场点变得更明确，操作起来也更简单。成功率是由确定性决定的。收益多少是具有确定性的，好的模式匹配上好的仓位能实现收益最大化。

在操作上我们可以分为四个步骤：①确认流通市值要大（流通市值 50 亿元以上）；②确定是涨停板之后的炸板；③确认高开并收盘在高位；④次日高开是进场点。具体操作如图 2-27 北方铜业（000737）炸板战法步骤所示。

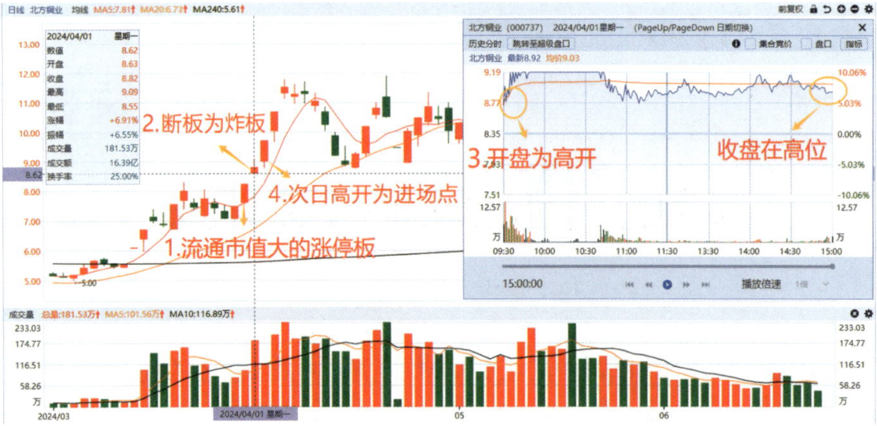

图 2-27　北方铜业（000737）炸板战法步骤

在执行这四个步骤之前，我们要分析股票的位置，《六韬·武韬·发启》中有句话说得好："鸷鸟将击，卑飞敛翼；猛兽将搏，弭耳俯伏。"这句话说的是凶猛的鸟在即将发起攻击的时候会降低飞行高度，收敛翅膀，而猛兽在即将搏斗时会垂下耳朵，俯下身子。这句话可以用来形容主力资金在采取行动之前先压抑力量，伺机而后发。要想分析一只股票真正的运行走势，必须从大局出发，缩图看势。

大部分交易者不懂得借势。核心容量股在承载资金方面起到了举足轻重的作用，市值大的股票炸板后要想将股价维持在高位需要大量资金，我们要学会利用大资金的弊端找突破口。

通过案例和步骤分析（见图 2-28 至图 2-30），即便是新手交易者也能快速掌握此类方法。学习是需要过程的，适合运用此类方法的股票案例有很多，从生疏到熟练运用，需要交易者长期跟踪和实践。我有一个方法推荐给大家，这个方法叫作条件反射训练，需要交易者大量地复盘，复测历史上的个股是否符合炸板反包模式，这个过程可以让初学者迅速建立盘感并找到操作自信心，所谓"温故而知新，可以为师矣"，不断刺激自己的大脑，直到形成条件反射。交易像排兵布阵，每一次的行情推演，就是要在不确定中推演出大概率的可能；如果实在推演不出，就无法证明你的逻辑是对的，你的方法自然不会成功。交易的过程充满应对和处理的艺术，我们生活中那些优秀的品质，并不能成为在交易中获利的保证，正确的交易理念才是交易者的成功基石。

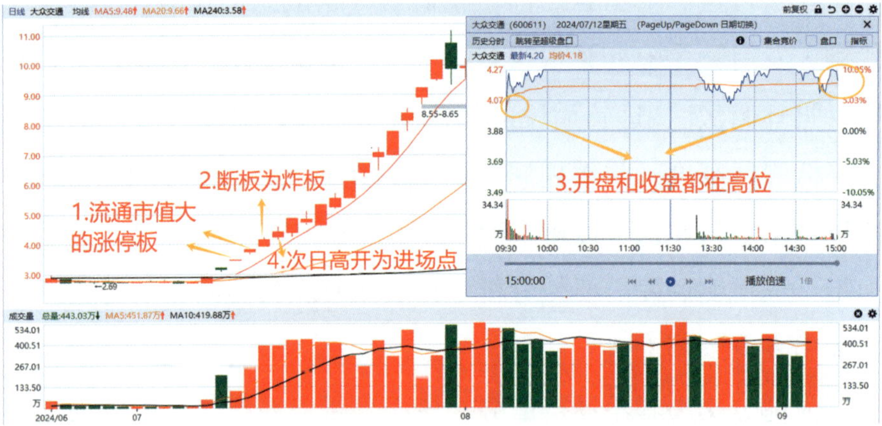

图 2-28　大众交通（600611）炸板战法步骤

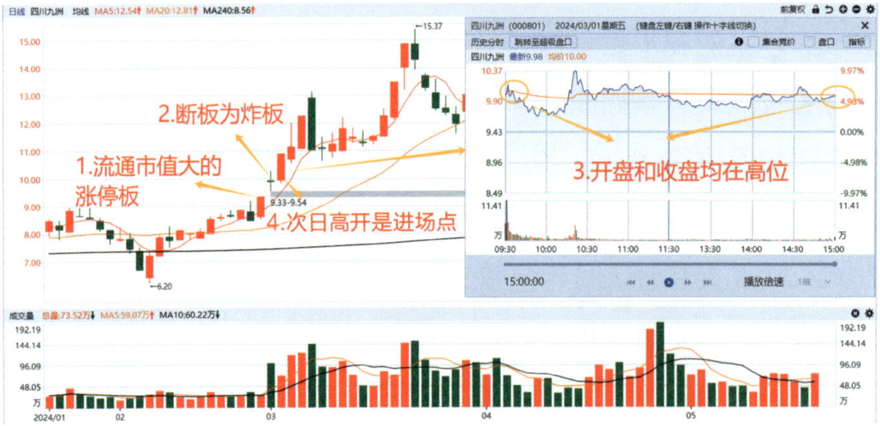

图 2-29　四川九洲（000801）炸板战法步骤

在炸板反包的四个条件（即前面所说的四个步骤）中，有时个股只符合两个条件或者三个条件，在操作中我们经常遇见这种情况。在这四个条件中，进场信号高开、流通市值大是必要条件，是不能随意变动的，尤其是新手交易者，通常分不清主流题材、找不到主力，流通市值大小往往与主流题材和主力资金的走向密切相关。把握住这几点可以大大提高成功率，我们在操作中要活学活用。

如果该股票在炸板当日是高开，但是收盘没有收在高位，我们也可进一步分析它。如果该股票的价格处于低位，这只股票就是我们进一步观察的目标。股票的价格处于低位，暗示着股票可能被低估，是具有上涨潜力的，当然前提必须是流通市值大。市值大的股票没有资金涌入是不可能在低位随意涨停的，好的位置蕴藏着大的上涨机会，位置可以弥补缺陷，如图 2-30 金龙汽车（600686）炸板战法步骤所示。

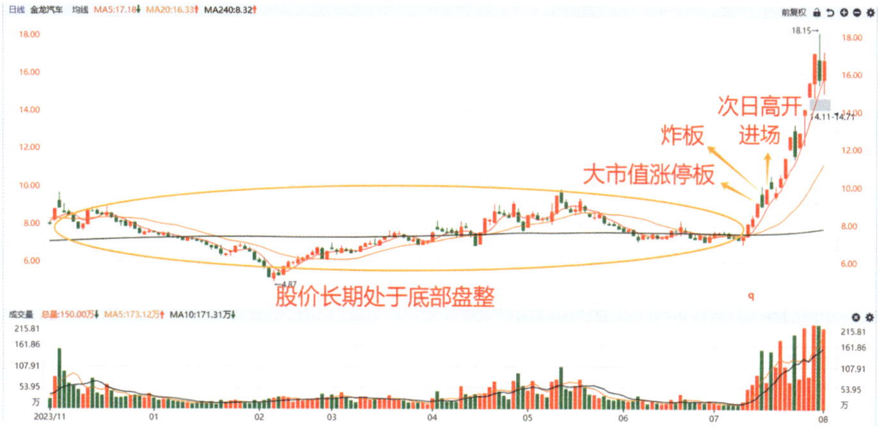

图 2-30　金龙汽车（600686）炸板战法步骤

交易者操作失败，往往不是因为不懂特别高深的道理，也不是不能掌握特别难的技术，而是忽略了特别简单的问题。比如位置，个股的位置特别重要，它决定了个股的上涨高度，在底部盘整的股票离上涨只差时机，所谓“万事俱备，只欠东风”。新手交易者往往喜欢两种最不赚钱的操作：一是追高，二是抄底。新手高位接盘容易充当接盘侠；在大的下行趋势中，新手抄底容易抄在半山腰。如果对交易体系内的操作有争议，找不到精确的入场点，我常常会在股票的位置上下功夫，并做观察，以待时机。

战法 2：一字涨停板反包

一字涨停是指开盘即涨停并一直持续到收盘为止的 K 线形态，这种 K 线形态类似于汉字“一”，因此称为一字涨停。一字涨停的股票因为开盘就有大量买单封涨停，卖单数量远远小于买单数量，代表人们对这只股票强烈看好，所以在一字涨停板期间，几乎不可能买到这只股票，故而我们操作一字涨停板也是在断板之后。

我总结归纳了出现一字涨停板的主要因素：

（1）利好刺激。当股票受到消息的刺激时，如出现重组、资产注入、中标、签订重大合同、业绩大幅增长等利好，股价迅速上涨，形成一字涨停。这种突发的利好刺激，容易在个股上形成第一个涨停就是一字涨停。

（2）市场情绪推动。带有热点题材的强势股在连续涨停后，市场情绪被推向高潮，股价容易出现加速上涨，形成一字板加速的情况。这类一字涨停出现在第三板或者第四板，是主力高度控盘之后拉升的结果。

（3）市场方针、政策出台。资金上层出台的利好股市的系列方针条款，或者对某行业的行业政策等方针、政策面刺激，容易使股票出现集体一字涨停板。

一字涨停板出现的原因有很多，上述不能完全列举，比如新股上市、低位补涨等，一字涨停板是主力高度控盘的结果。

我们在观察一字板涨停的时候，只观察第一个涨停板是一字涨停板和第二个涨停板是一字涨停板的股票。对于那些底部没有一字涨停板，在第三板和第四板出现加速一字涨停板的股票不做研究，这类股票往往已经处于高位，很难在后市走出反包行情。

我们首先考虑流通市值，这可以省去新手交易者进一步做题材分析的麻烦，能弥补不懂题材带来的缺陷。

一字涨停板断板只观察第一个涨停板是一字板的二板断和第二个涨停板是一字板的三板断，底部的一字涨停板是个股强势的启动信号，三板以上的一字涨停板通常是市场情绪加速一致的表现。

通过案例，我们进一步明确一字涨停板断板的观察点，能在操作中快速锁定目标，如图 2-31 和图 2-32 所示。

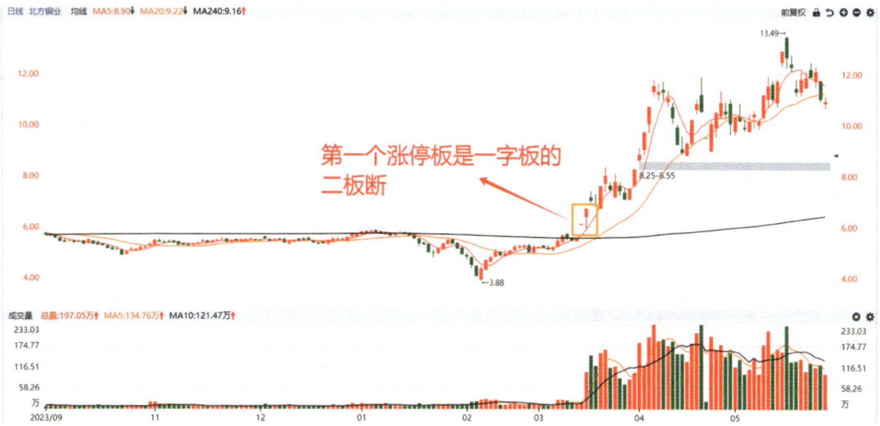

图 2-31　第一个涨停板是一字板的二板断

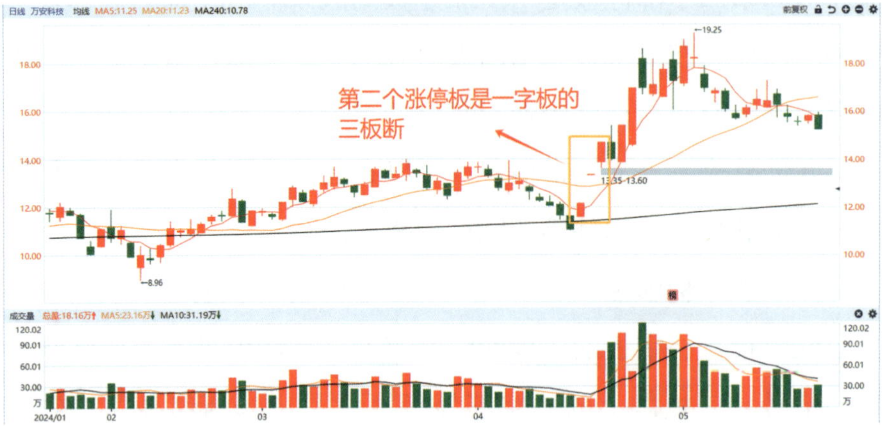

图 2-32　第二个涨停板是一字板的三板断

分析一字涨停板断板反包的要点如下。

（1）趋势。股价处于底部，同时股票长期横盘，筹码干净，个股突然出现一字涨停在市场中很常见，我们要分析它的涨停要义。市值大的股票是不会轻易在底部启动一字板涨停的，事出反常必有妖，可能预示着主力资金的动向、新题材的方向，这是市场最早发出的强烈信号，我们要第一时间读懂个股上的盘面信息。从筹码的角度分析，一只长期下行的股票，如果没有经历横盘震荡，趋势很难逆转。

（2）年线。年线通常是指 250 日均线，表示股价一年的平均成本变化趋势，用于判断股票的长期趋势变化。我将年线视为牛熊市分界线。在缠论中，缠师将年线作为一个重要的参考指标，是股票的启动线。在均线系统中，交易者常常观察 5 日均线、10 日均线、20 日均线、年线等。均线是分级别的，年线的级别是最大的，所以很多妖股在年线上启动，涨幅巨大。

（3）市值大的股票在上涨初期比较容易断板，我们在操作中要充分利用这个属性，充分领悟大市值在实践中的意义。

（4）市场情绪和题材。无论什么操作方法，市场的情绪反馈和热点题材都是值得关注的要点，可参考前面章节对题材的分析。

结合案例，看具体操作，见图 2-33 至图 2-35 所示的一字涨停板反包战法案例。

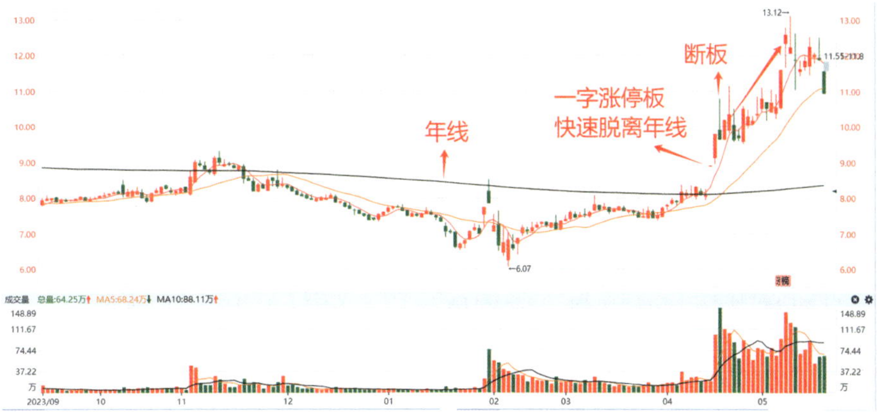

图 2-33 赣能股份（000899）一字涨停板反包战法案例

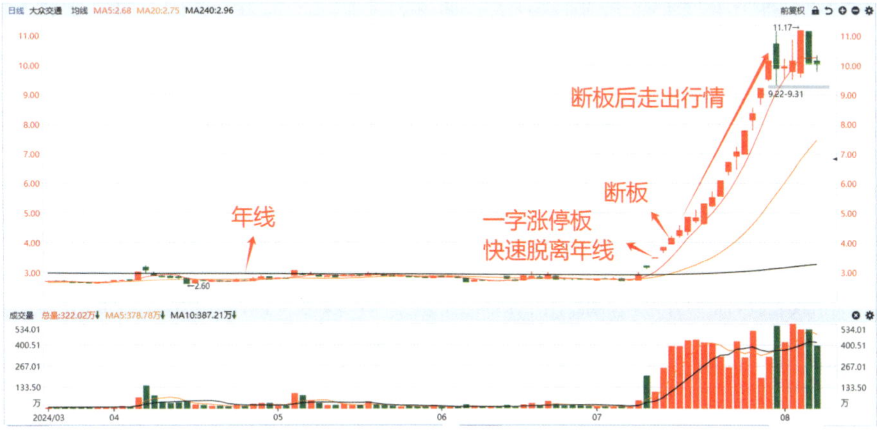

图 2-34 大众交通（600611）一字涨停板反包战法案例

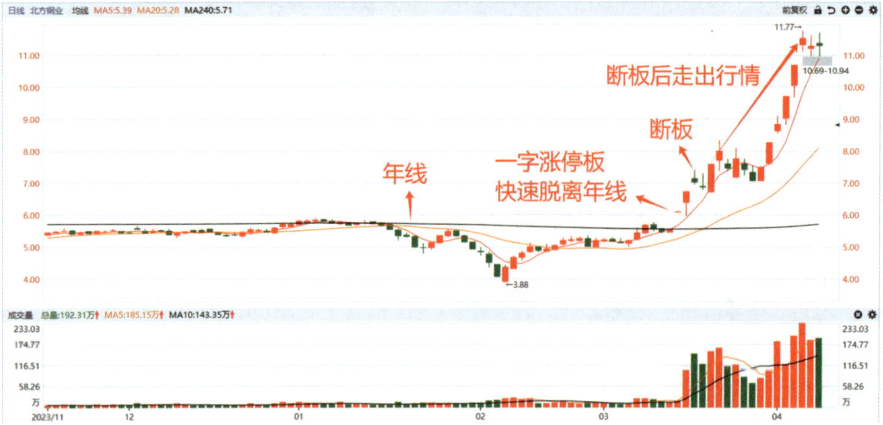

图 2-35　北方铜业（000737）一字涨停板反包战法案例

在实践中，我们也可以用一字涨停板分析题材。题材是在发酵中持续走强的，主力资金总会在个股上留下痕迹，低位的股票容易受消息的刺激出现一字涨停板，为题材走强拉开序幕。

战法 3：反包回调战法

反包回调战法是针对股票断板反包后回调并再次反包的操作方法。有些股票有反包基因，断板之后会多次反包，甚至连续反包。

我们首先需要找到一个涨停板断板没有回调立马反包的股票，观察股票回调后的几个进场点。

（1）股价回调 K 线变小，如图 2-36 芯瑞达（002983）反包回调战法图解所示，股价回调当天，K 线变小，且处于涨停板的底部，说明做空动能减弱，可观察入场机会。

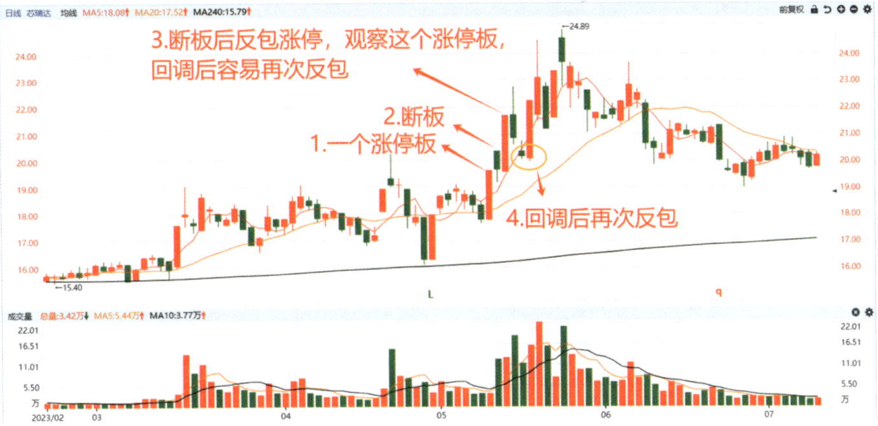

图 2-36 芯瑞达（002983）反包回调战法图解

（2）股价回调时出现红 K 线，可观察买入机会。

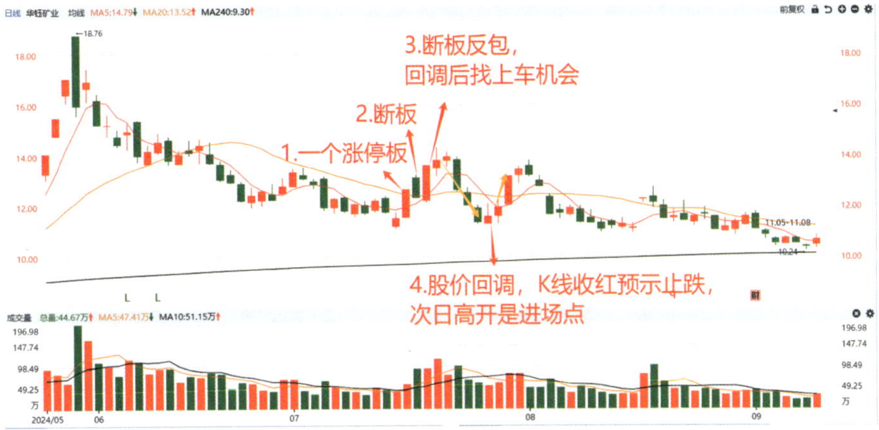

图 2-37 华钰矿业（601020）反包回调战法图解

如图 2-37 华钰矿业（601020）反包回调战法图解所示，这类股票通常是没有高度的，只走横向反包行情，利用资金筹码的共振原理形成行情，体现的是资金进出的反复性。

如图 2-38 瀛通通讯（002861）反包回调战法图解所示，这类股票往往以反包形式横向多次涨停，是没有高度的，反包多发生在个股的底部位置，在年线附近。

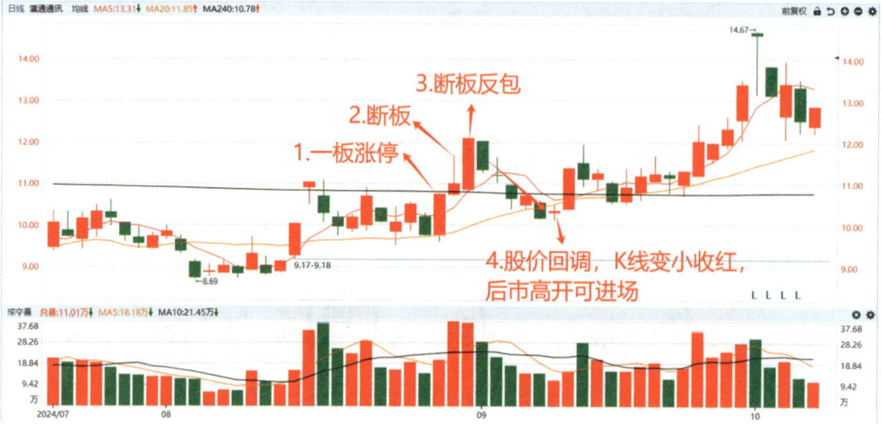

图 2-38　瀛通通讯（002861）反包回调战法图解

如图 2-39 威领股份（002667）反包回调战法图解所示，这类反包是短线反包，以反包涨停为目的，涨停后第二天我们要无脑止盈。这类反包几乎是没有高度的，但是机会多。

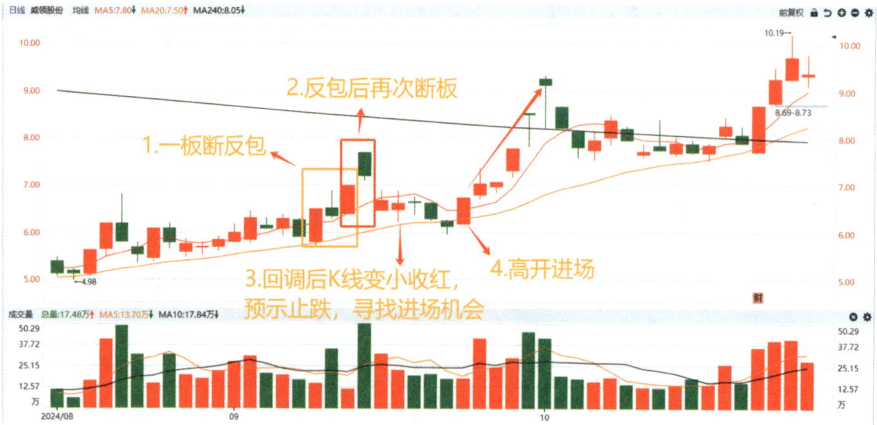

图 2-39　威领股份（002667）反包回调战法图解

如图 2-40 合众思壮（002383）反包回调战法图解所示，要在市场上找一个有六连板高度的股票很难，但是找六只涨停的股票就简单多了。这样的股票短线交易机会很多，很适合不会分析题材、不能判断热点、抓不准市场情绪的新手交易者，操作时更多的是利用技巧和技术要点。在实际操作中，一只股票涨停后断板，后续又涨停，说明短期是活跃的，面对这种活跃的表现，我们可以简单地认为个股背后是有题材支撑和资金支持的。

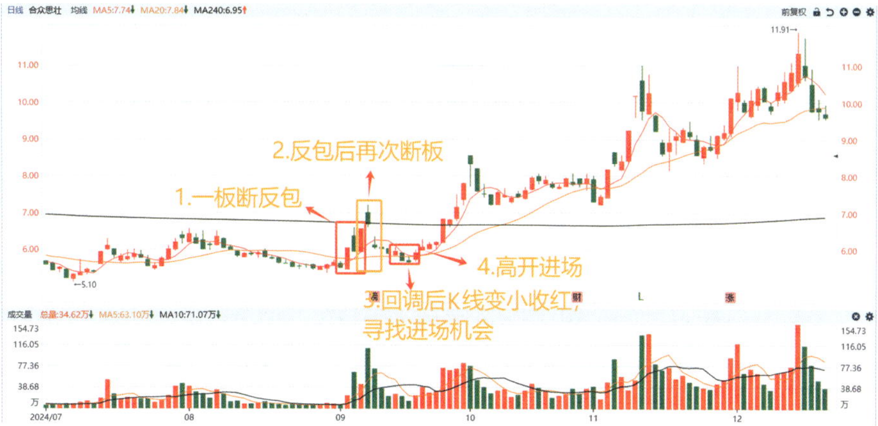

图 2-40　合众思壮（002383）反包回调战法图解

如图 2-41 华懋科技（603306）反包回调战法图解所示，这类反包模式，我们等待回调的时间在 3～10 个交易日，是最容易因等待而提前入场或因等待而错过的。我们在复盘的时候要做好功课。

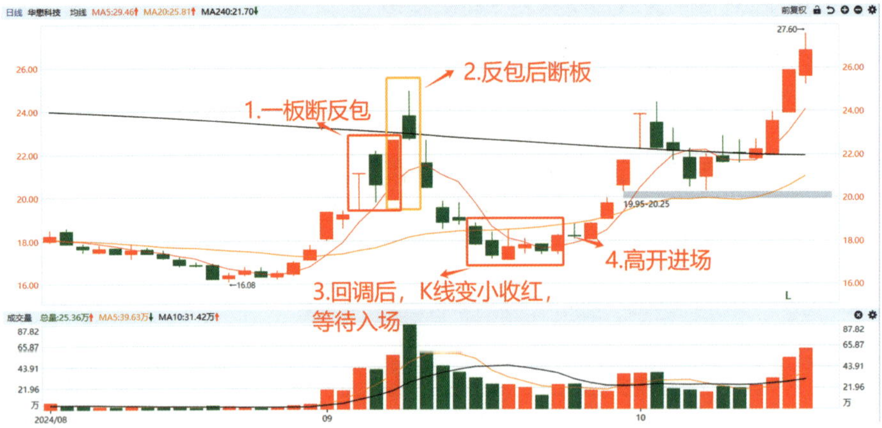

图 2-41 华懋科技（603306）反包回调战法图解

具体应该怎么复盘呢？

第一，建立一个专门的股票池，给这个股票池取一个专属的名字，可以用自己的名字命名，或者就叫股票池，专门用来收集这类股票。因为做反包需要等待回调时间，少则 3 个交易日，多则 10 个交易日，加入自选后我们容易混淆或错过，所以用一个单独的股票池观察起来比较方便。需要注意的是，要养成好的交易习惯，及时对股票池进行整理，对已经完成反包的股票进行清除。

第二，每天早盘需要对股票池里的股票进行观察，寻找合适的进场点，并做出交易计划。

这一方法利用的是股票的共振原理。在市场中，共振可表现为一只股票在特定区间内出现的相同走势，这种同步性往往是受多种因素共同影响的结果。我们可以利用这一点观察和把握个股交易的机会。

战法 4：跳空涨停式反包

强势股有强势的表达方式，其中一种就是跳空涨停。跳空涨停代表着一种劲道、一种意志，也代表一定的资金流向。一波行情的上涨，必然与资金的力度、厚度和速度密切相关，三个维度联合起来，无一不表示着股票的强势。

股票跳空涨停的原因有很多，主要包括以下几个：

（1）利好。公司发布的利好如业绩增长、重组等，以及政策的支持，会引起投资者积极反应，从而推动股价上涨，直至涨停。

（2）市场情绪。当市场整体情绪积极向上，市场内资金充沛，市场内股票普涨，股价也会跳空高开并涨停。

（3）板块效应。当某一个行业或板块受到市场关注时，相关股票会出现集体高开现象。

出现跳空涨停的股票断板后，往往更容易出现反包模式的进场点。首选流通市值大的个股进行操作，因为大量的资金和大幅的跳空高开涨停不仅有厚度，还有力度。在实际操作中，跳空涨停式反包只做一板断。

下面结合案例，我们具体分析。

如图 2-42 中贝通信（603220）跳空涨停式反包案例所示，股价向上高开跳空涨停，跳出缺口，但行情没有继续深化，而是以一板断形态呈现，我们等待股价再次高开并以此为进场信号，行情再次到来。

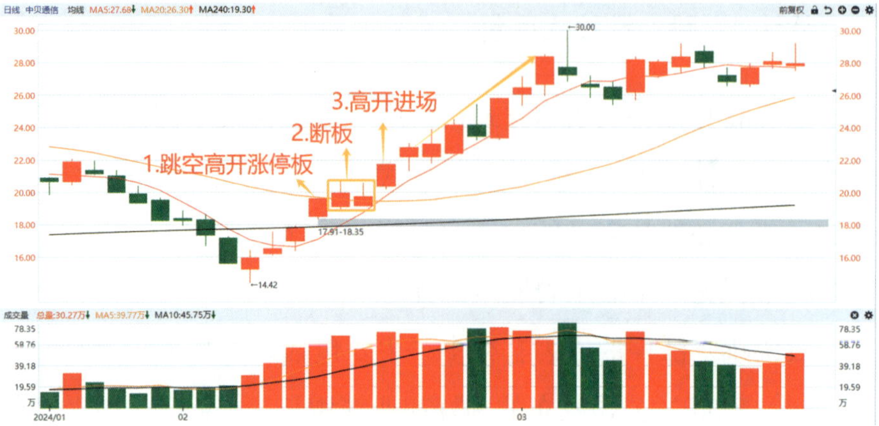

图 2-42 中贝通信（603220）跳空涨停式反包案例

如图 2-43 光迅科技（002281）跳空涨停式反包案例所示，流通市值大的股票跳空高开往往不只是代表一只股票的意愿，还预示着题材的力度、资金的厚度。如果交易者找对了进场点，能抓住一波上涨行情。

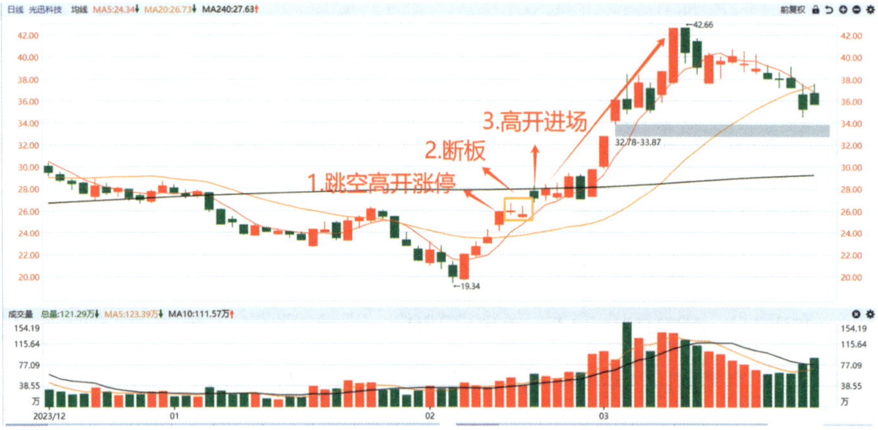

图 2-43 光迅科技（002281）跳空涨停式反包案例

如图 2-44 工业富联（601138）跳空涨停式反包案例所示，

对于流通市值大的股票来说，跳空高开并强势封板是主力对筹码明目张胆的掠夺。大资金既然敢跳空建仓，就有信心拉高行情。

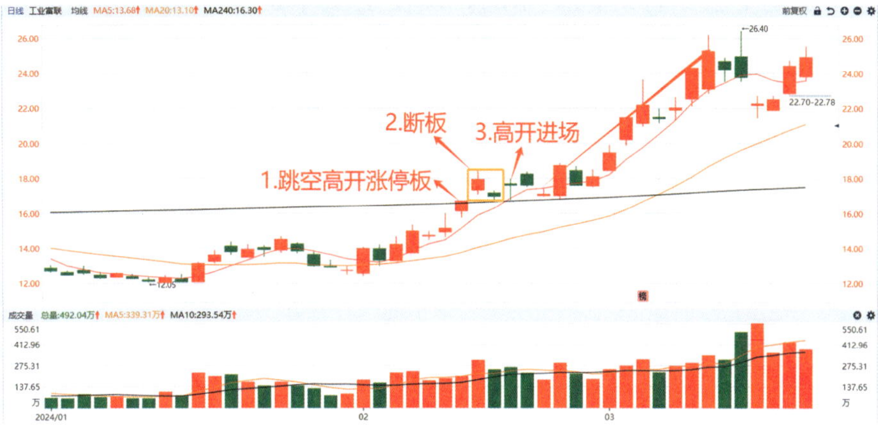

图 2-44　工业富联（601138）跳空涨停式反包案例

一只股票的运行，多数时间在盘整，大部分时间在做准备，极少时间才会出现真正的拉升，如图 2-45 沪电股份（002463）跳空涨停式反包案例所示。要多关注大资金引领的大行情，游资炒作的股票只配“A 杀”，依靠市场合力拉升的股票才会真正给散户机会。

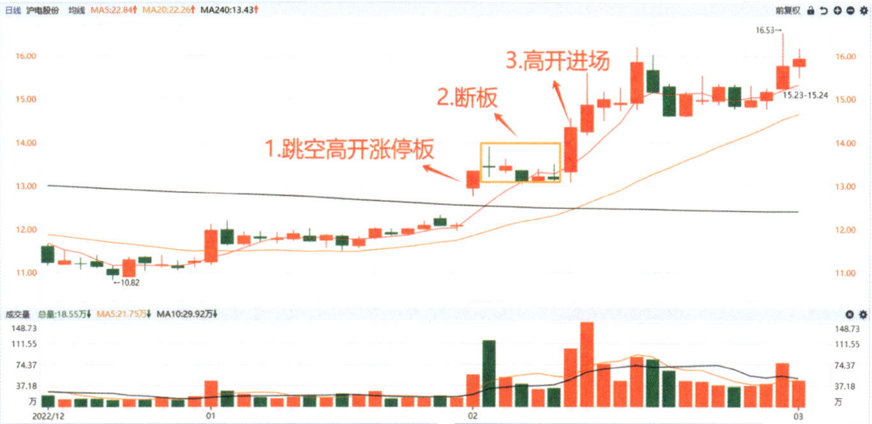

图 2-45　沪电股份（002463）跳空涨停式反包案例

好好享受核心容量票带来的盛宴吧！流通市值大的股票是做反包的天堂，在二级市场，散户要做好交易就要学会选择主力。游资票是不会给你时间上车的，即使上了车也不一定给你下车的机会，游资只有一个目的，那就是找人接盘。“兵马未动，粮草先行”，流通市值大的股票就是主力运输粮草的工具，我们可以通过研究主力运输粮草的路线，来判别主力资金的走向。

在这个市场，放纵的人赚不到钱，因为他们经常追高，自以为聪明的人也赚不到钱，因为他们喜欢抄底，只有按套路操作的人才能优先享受这个股市的盈利盛宴。

第四节　反包的强势文化

十几年前我刚进入股市的时候，一心追崇打板技术，之后接触反包策略并实现盈利，后面又做财经自媒体，以分享和介绍反包策略为主，吸引了大量粉丝。我发现运用反包策略的人都是市场里的老手。大家普遍使用过以打板为主的龙头战法，做过以趋势分析为主的价值投资，所以我认为运用反包策略的人是最有潜力战胜市场的交易者。

反包模式能够让交易者不断追随，是因为反包模式中不断出现强势行情。能走出强势反包行情的股票一般具有强势图形、强势位置、强势量能、强势题材和强势资金五大特征，这就是反包模式内在的强势文化。

（一）强势图形

强势图形是最直观的、最引人注目的。学习反包策略要先从图形入手，将涨停板后的断板作为基本图形列入观察范围。在不结合热点和市场环境的情况下，对反包策略中的强势图形可从以下方面入手观察：

（1）看涨停速度。涨停的速度越快越好，涨停速度快代表大资金批量进场，资金合力使个股在短时间内被大幅拉升上板。

（2）看涨停时间。封板的时间越早越好，封板时间早说明资金一致看好该股，买盘力度强，主力资金买进坚决。

（3）看跳空力度。高开涨停，跳空高开越高越好（不含一字涨停板），跳空高开表明股票得到了市场的认可和资金的青睐，这类涨停板通常无量。

受市场消息刺激，有些板块早盘统一高开，有冲高回落的，也有一致上板的。我们要确定消息的有效性，就要在市场上得到有效的资金验证，最有力的证明就是跳空高开后一致涨停，这对于我们后市运用反包策略来说至关重要，个股跳空的力度以及跳空后的表现表明了资金的态度。

强势的涨停板透露出主力很强的操盘计划。

下面我们结合案例进一步识别反包模式中强势的涨停板。

如图 2-46 江铃汽车（000550）反包案例所示，该股跳空高开并迅速封板，资金一致性强，封板后一直持续到尾盘未开板，量能肯定不是放大的，通常散户没有参与机会。这类涨停板次日如果断板，可视为反包模式中强势的涨停板。

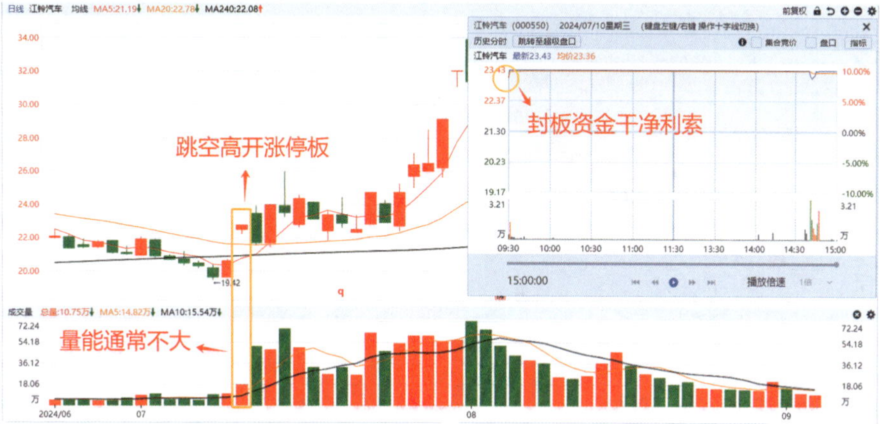

图 2-46　江铃汽车（000550）反包案例

先看一则消息，消息来自 2024 年 10 月 13 日《新闻联播》：习近平总书记强调，西部大开发是党中央作出的重大战略决策，要一以贯之抓好落实，聚焦大保护、大开放、高质量发展，加快构建新发展格局。迈上新征程，西部地区以深化改革为抓手，在中国式现代化建设中奋力谱写西部大开发新篇章。

消息发布后次日，西部大开发板块受消息刺激，西部建设（002302）、四川双马（000935）、四川路桥（600039）等个股纷纷高开上板。这是消息得到资金验证的有效表现。四川双马（000935）反包案例见图 2-47，西部建设（002302）反包案例见图 2-48。

强势的图形和强势的资金是分不开的。好的消息始终会在盘面上得到资金的验证，形成强势的上涨图形和上涨态势。这里要分辨在盘面上个股冲高回落的消息面。个股冲高回落，就表示资金不持续、不强势。

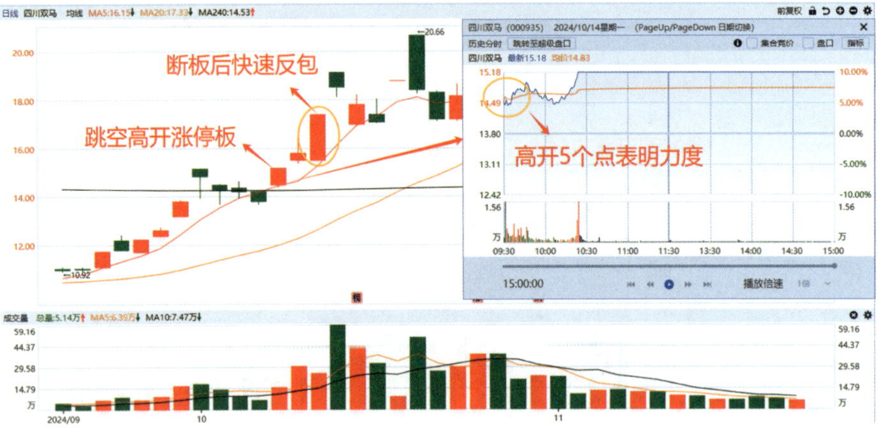

图 2-47 四川双马（000935）反包案例

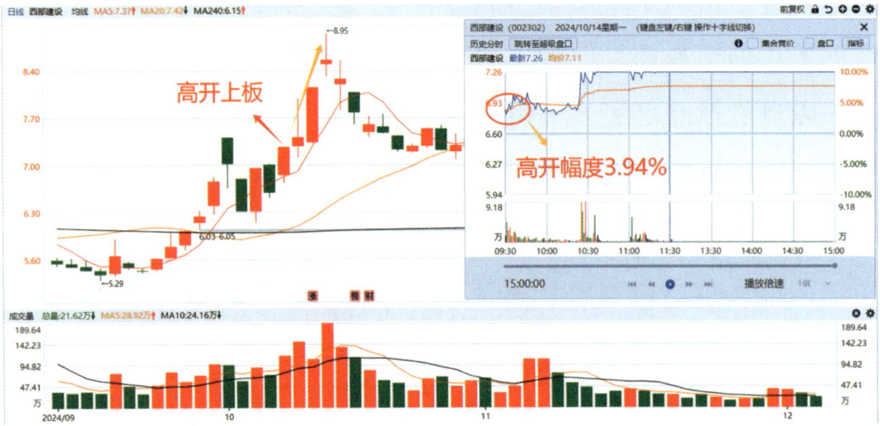

图 2-48 西部建设（002302）反包案例

从题材的角度分析，题材内部往往不止一只股票形成强势图形，好的题材会在一天内或者几天内出现多只形成强势图形的股票。

（二）强势位置

强势位置肯定不会在高位，一定在低位。一切技术分析和趋势分析都必须以位置作为出发点。位置是股票的关键交易点，我们要先判断股票位置的高低，再进行仓位匹配操作。但多数交易者对于位置高低的判断依据是错的，很多人用涨跌幅度来判断，涨了10%、20%、30%就觉得高了，跌了10%、20%、30%就觉得低了。我们不能用涨跌幅度作为判断股价位置的依据。还有部分交易者用均线判断位置的高低，认为股价处于5日均线之上就是高，股价跌破50日均线就低了。其实均线不能准确地反映股价的绝对位置。分析股票的位置，首先要考虑股票的趋势和图表，利用缩图看势的方式，观察K线图，股票的趋势和位置才会一目了然。

处在强势位置的个股不一定都经历过长期的横盘洗礼，但经历过长期横盘洗礼的股票一定会出现强势的位置，如图2-49保变电气（600550）底部盘整所示。在繁华喧嚣的金融市场里，有一个被资深投资者口口相传的秘诀——“横盘调整越久，爆发力量越惊人”。这不是一句空洞的谚语，而是在无数实战案例背后隐藏的深刻道理。

“静水之下，暗流涌动”，真正的机会，往往隐藏在那些看似波澜不惊，实则暗藏玄机的地方。长期的横盘整理，已经充分消化了前期的泡沫和负面预期，为股票未来的上涨积蓄了巨大的能量。

图 2-49　保变电气（600550）底部盘整

（三）强势量能

要想观察反包策略中的量能，就要看断板当日的量能表现。强势量能的表现分为两种：一是盘中资金积极拉升，盘中涨幅越大越好，部分股票断板当日有封板或摸板表现，说明这些股票有做多资金参与。二是断板当日的量能异常放大，如图 2-50 九鼎投资（600053）反包案例所示。这里我们分析的主要是一板断和二板断，如果断板当日出现高位断板放量，属于正常现象，没有分析意义。

强势量能是在断板当日形成的，而非涨停板的量能，很多交易者对涨停板放量的认识存在误区，认为涨停板放量是好现象。我们要辩证看待这个观点，比如在连板模式中（最鲜明的代表就是以一字涨停板为主的连板），基本是怎么涨上去的，就怎么跌下来。在反包模式中，如果第一个涨停板就放量，有可能是涨停板的当日开盘价很低或者封板以后反复开板造成的。

图 2-50 九鼎投资（600053）反包案例

如图 2-51 华懋科技（603306）案例分析所示，涨停板放量的原因有以下几种：一是拉升的速度很慢；二是开盘位置很低；三是涨停后反复炸板，这也会导致换手率升高，所以我们观察量能是观察断板当日的量能，并非观察涨停板的量能。

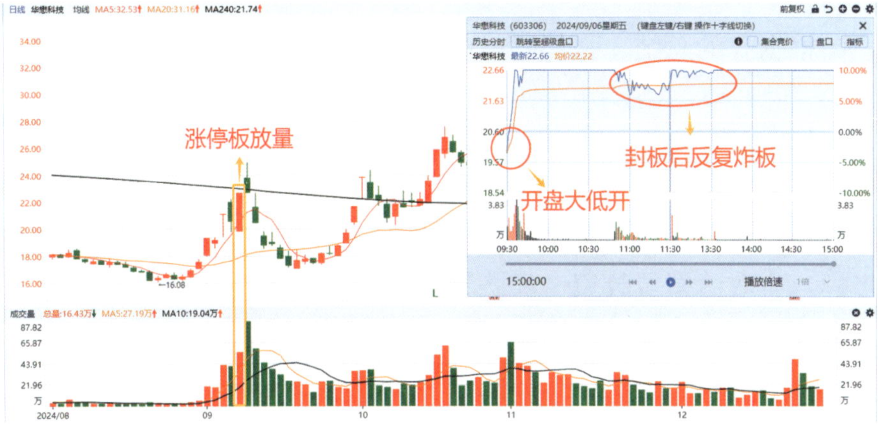

图 2-51 华懋科技（603306）案例分析

（四）强势题材

轰轰烈烈的大行情往往通过题材和热点的形式来演绎，股票也更倾向于联袂演出。强势的题材就是股市的灵魂，无论是游资、散户还是机构，都对强势题材青睐有加。有强势题材的股票涨起来底气更足、腰杆更硬，所以说题材是行情的发动机。在我的交易体系里，格外重视对强势题材的分析。

研究强势题材，可以提高我们选股的命中率，同时也是我做反包模式的重要方法之一。先把握强势题材再去选股比单纯选股更有意义。在实际操作中，具有同样技术特征的股票，后市涨幅却完全不一样，为什么？因为题材不同。强势题材的选择就跟大家欣赏“美”这个概念一样，可谓众口难调。交易者在强势题材的选择上难以抉择，这就好比学术界对于“美”的定义众说纷纭，正如朱光潜与李泽厚的美学理论，各有千秋，难分高下。

根据我的总结，强势题材的诞生有赖于以下几大沃土。

1. 政策

政策是题材最大的土壤，炒股要听国家的话。政策类型丰富多样，有政治领域政策、经济领域政策等。A 股市场还没有哪方面的变化能比政策更能引起题材的变化。举个例子，2024 年全国两会期间总书记强调，要牢牢把握高质量发展这个首要任务，因地制宜发展新质生产力。围绕新质生产力的政策随之密集出台。2024 年的中央经济工作会议再次对新质生产力做出了部署，并强调，要以科技创新推动产业创新，特别是以颠覆性技术和前沿技术催生新产业、新模式、新动能，发展新质生产力。随后国家各职能部门纷纷响应政策号召，国务院国资委在部署 2024 年投资工作中提出，加快布局培育新质生产力是着力重点之一。这就是政府出台的重大政策，同时也是经济举措，能引领行业发展。如此大的政策当然会诞生炙手可热的题材，一时间，A 股市场上对新质生产力概念的炒作达到了前所未有的热度，资金前赴后继，人工智能、机器人、低空经济、脑机接口等题材迎来了炒作风口，寒武纪（688256）、万丰奥威（002085）、宗申动力（001696）等个股也因新质生产力概念在 2024 年有了较大的涨幅。

另外，2024 年下半年股市的上涨行情也是政策推动的。首先，中央政治局会议释放积极信号：一是引导中长期资金入市，提出大力引导中长期资金入市，打通社保、保险、理财等资金入市堵点。这为股市引入更多长期稳定的资金来源提供了政策方向，有助于改善市场的资金面和投资者结构。二是支持上市公司并购重组。这一举措可以优化上市公司资源配置，提升上市公司质量，增强市场对上市公司的信心。三是稳步推进公募基金改革，更好地发挥公募基金对股市的稳定和推动作用，为投资者提供更多优质的投资产品和选择。四是研究出台保护中小投资者的政策措施，促进股市的稳定和繁荣。随后国新办举行新闻发布会，公布了一揽子政策，涉及资本市场、房地产等领域。货币政策方面也有相应的调整。这些政策的发布和调整为股市提供了较为宽松的政策环境和资金面支持，对股市产生了积极的刺激作用。A股市场闻声大涨，从2689.7点涨到3674.4点仅用了10个交易日，其间证券、互联网金融题材一路生花，天风证券（601162）、东方财富（300059）走出强势行情，这都是一系列强有力的政策推动的。

2. 技术创新和突破

一项新技术在取得重大突破并开始应用于实际生产和生活时，往往会引发相关题材的炒作。越是具有革命性、原创性的技术创新，诞生的题材越大；越是影响面大的技术创新，诞生的题材越多。一旦技术有了重大突破，且这种突破正是社会渴望已久的，就会激发起光芒万丈的题材。

技术创新在我看来会带来最天马行空、最具浪漫主义的题材，因为技术创新所带来的那种震撼和商业价值是我们无法估量的，也许只有天空才配得上它们的尽头。有人会说这是泡沫，但在我看来先“透支”再“还债”很正常，股市运作的常规就是率先炒作，放着十倍、几十倍的透支行情你不看，难道还要去看老题材里的还债行情吗？就如同2025年你不看科技行情，还去看白酒这类已经在前几年的炒作中透支了行情的题材，这无疑是最惨烈的献身。

技术创新是推动社会进步的原动力，它与思想文化创新、制度创新一起构建了三道最绚丽的智慧光芒。技术创新之所以能诞生题材，是因为技术创新会带来新的社会变革和巨大的商业机会，能改变人类的生活。对于投资者来说，必须有一定的敏锐性，要能看到技术的方向和端倪，唯有如此才能把握题材炒作的脉络。举个例子，2025 年初中国 AI 初创公司深度求索（DeepSeek）先后发布了 DeepSeek-V3 和 DeepSeek-R1 两款大模型，成本低廉，性能却与 ChatGPT 相当。DeepSeek 在技术上有诸多创新：一是模型架构创新。采用 MoE（混合专家模型）架构，放弃 Dense（密集）路线，通过多个模型聚合达到和 Dense 大模型相当的能力，激活参数量大大减少，性能大幅提升。同时优化 MoE 架构，解决 MoE 中常见的负载不均衡问题，显著提升模型泛化能力。二是算法创新。在强化学习阶段，提出群体相对策略优化（GRPO）算法，替代传统的近端策略优化（PPO）算法，减少计算资源消耗，保持模型性能稳定，使训练成本降低 30%以上。三是注意力机制创新。显著提升推理速度和吞吐量，在使训练成本降低 42.5%的同时，推理效率提升 5.76 倍。四是 AI 框架创新。借助 2024 年发布全球首个支持千亿级参数实时推理的 AI 框架“天枢”，训练效率较行业标杆提升 35%、能耗降低 28% 。五是 DeepSeek 真正做到了代码开源，意味着更多的初创公司可以复制 DeepSeek 策略，使用更少、更便宜的芯片构建模型。这一消息的发布，不仅仅给我们带来了技术上的新突破，还引发了市场竞争格局变化，影响了英伟达长期以来在 AI 芯片市场的主导地位，对英伟达占据的市场份额产生了影响。因此，2025 年 2 月，以科技为主的题材开启新一轮的行情，其间 DeepSeek、数据中心、云计算等题材被轮番炒作，与之有关的每日互动（300766）、青云科技（688316）纷纷走出翻倍行情。

3. 重大事件

重大事件是诞生题材的又一温床。我把重大事件看作突发的事件，要与市场上发生的政策大事区分对待，不能混为一谈。重大事件包括重大流行性疾病、重大网络安全事件以及地震、战争等事件。比如知名的“蓝屏”事件，2024 年 7 月 19 日的微软蓝屏，全球多地微软视窗系统因一款安全软件更新而宕机，出现“蓝屏”，航空、医疗、传媒、金融、零售、物流等多个行业受到影响。国内网络安全题材全线迎来炒作时机。

我觉得大家要学会联想，从大事件中想到资本市场的反应。炒股不仅要看 K 线，还要看 K 线外面发生了什么。真正的投资大师，都是眼观六路、耳听八方的。

4. 其他

（1）价格变动。价格是产品最敏感的因素，一旦价格上涨，会立即出现相应的题材。价格变化产生题材，这种题材炒作起来最容易，逻辑也简单，所以我建议交易者多留意期货行情，了解石油、黄金、铜、锌、煤炭、稀土等能源资源的价格变化。很多人天天研究技术，炒股的路越走越窄，与其在技术里打转，还不如放宽视野，寻找影响股票走势背后的因素。

（2）行业周期。很多行业是受周期性影响的，比如地产、证券、大宗商品等，这些叫周期性行业。不受周期性影响的行业，如医药，不管经济形势如何，生病了都要吃药，不会有哪个人因为经济形势不好就不去看病、不吃药，这就是非周期性行业。对于周期性行业，一旦度过萧条的拐点进入上升期，相关的股票就会反弹。聪明的犹太人说，当血流成河时就是买入的时候，因为行业复苏会带来周期性的大机会。炒作这种题材的方法与其他题材不一样，这类题材炒作时间持续得比较久，因为一个行业一旦衰落就不是一两年能复兴的。同样，一个行业一旦复苏，行情也不是三五个月就走完的，此乃大机会也。

（3）资产重组。A股每年都有资产重组的案例，这是丑小鸭变天鹅的机会，美好又充满想象力。有些股票看似没什么特别，实则最具有朦朦胧胧的美感，一点风吹草动，就极易引来海量的资金。

总之，题材千千万万。政策产生的题材最多、最频繁；技术创新产生的题材最有价值；重大事件产生的题材最轰轰烈烈；价格变动产生的题材最直截了当；行业周期产生的题材最长久；资产重组产生的题材最难把握。

（五）强势资金

按照股价变动的主要驱动力，中国股市可分为两种：一种是政策市，一种是资金市。国家出什么政策，对应的板块和题材就会随之上涨，这是政策市；市场资金运作哪个板块，哪个板块就会大涨，这是资金市。政策和资金是相互关联的，板块上涨的前提是政策，而资金是政策的推动者。

我们需要明确一点，行情的上涨是机构大资金持续流入带来的，不是跟风游资。游资是情绪派选手，强势的机构资金肯定会进入强势的个股即核心容量票。如果一个题材没有核心容量票承载资金，那么这个题材肯定是走不远的。上涨行情是最需要资金的行情，观察题材内的核心容量票是观察强势资金的重点。

如图 2-52 所示，在笔者截图当日，该股的市值是 5738.8 亿元，流通市值约 1431 亿元。这么大市值的股票出现两个涨停板，体现的不仅仅是个股本身的强度，更能代表资金背后的方向，这个方向就是强势资金的方向，直指板块题材。新手小白选不好题材，往往是因为不会观察题材标的。

图 2-52　中芯国际（688981）日 K 线

市值大的股票不是一般资金能够驱动的，但这类股票一旦启动，走出的极有可能是趋势行情。如图 2-53 所示，在该股出现第一个涨停板的时候我们就要有这种意识，能够驱动这类股票涨停的资金非同小可，这是重要的观察信号。

图 2-53 中科曙光（603019）日 K 线

真正强势的题材肯定会有强势的资金流入，走势长远的题材会有多只流通市值大的股票承接资金，这就是强势资金最明显的特征。

好的行情都是由资金推动的，是众多机构用真金白银共同推动的结果。一旦有这些强势资金深度介入，我们就可以放心参与了，因为有大资金在，就安全多了。

在实际操作中，我们可以结合反包的强势图形、强势量能、强势位置、强势题材和强势资金五大特征，层层增进预判反包模式的有效性。有些股票同时具备五大特征，有些股票只具备五大特征中的其中一个或两个。我们秉承着有则看、无则不看的原则，灵活运用，不能因为某只个股不具备强势量能或强势图形从而将其排除在外，应以全局为重，全面考虑。个股的这些强势表现，只是为了更进一步强化反包模式的确定性，而不是拖后腿。

第五节　量价和位置是好搭档

成交量和成交价是市场提供给我们的最基本的数据。量价关系是一切技术分析的基础。股价的涨跌来自多空双方每时每刻的力量对比。很多交易者、专家和财经博主对量价关系过度分析，但在股市这个利益场，有些内容是不值得被利用的，量价最值得分析和利用的部分是起涨位置。我们结合反包模式，进一步分析量价和位置的关系。

（一）反包模式中量价异动的应用

单从盘后静态分析，量能和 K 线给我们传递的信息不是很丰富。很多交易者舍本逐末，热衷于追求“高级功夫”，却常常连最简单的图表和量价规律都搞不清楚，更不用说利用综合信息，眼观六路、耳听八方了。

技术分析是多样化的，但离不开量价关系。做量价分析，很多人忽略了一个重要的前提，那就是位置。位置是衡量量价关系的前提，不考虑位置一切量价关系都无用。

主力有足够低位的筹码，才有大幅拉升的动力。

位置是分析量价最根本的要素，我们必须对位置有彻底明确的认识。可以这样说，大部分交易者难以对技术分析得心应手的原因就是对股票的位置理解得不够透彻，看不明趋势，读不懂位置，利用不好股票位置和量价配合带来的上涨空间。在反包策略中，我们分析量价和位置的关系是为了更好地找准上车点。量价和位置的搭配组合在反包策略中应用广泛。

（1）高位放量。一只股票高位放量，意味着大量筹码在高位换手，一般预示着主力出货，此时场内资金分歧很大。高位断板当日会呈现成交量异常放大的趋势，就算是龙头断板，也还是在我们的观察范围内，次日高开，我们可以将其视为弱转强的信号。

如图 2-54 所示，高位断板必定带来高换手率，从而导致成交量明显放大，高位放量的上车点是龙头断板反包模式的出现，这是弱转强的信号，除此之外，高位放量在反包模式中没有上车点。

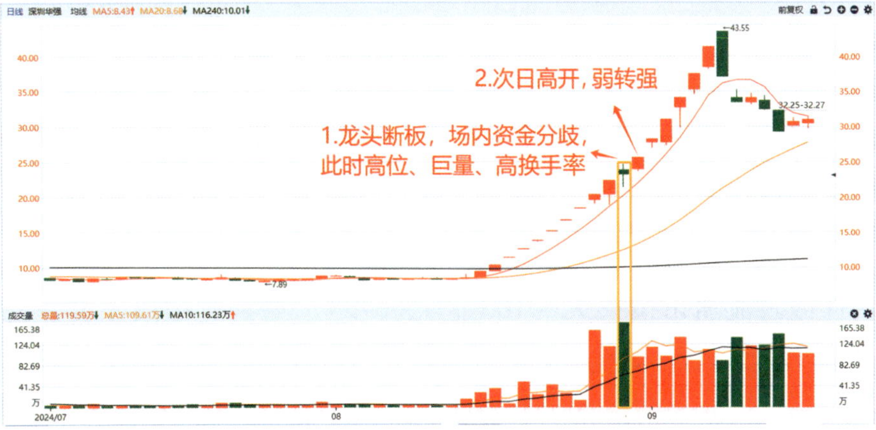

图 2-54 深圳华强（000062）图解

如图 2-55 捷荣技术（002855）图解所示，我们不可以将所有的高位断板放量都视作观察点，弱转强之前是强转弱。强指的是龙头股，进场信号一定是次日高开。很多交易者片面地认为只要是龙头，都能在首次出现阴线时买入。这肯定是错误的。大部分使用龙头首阴战法的交易者失败的原因是在龙头股断板当日就冲进去埋伏，没有等到次日高开再进入，这显然是不可取的。高的收益来自确定的进场点配合大的仓位，而不是傻博。龙头股弱转强，在实践中是很稀缺的，尤为珍贵，如同沙漠里的绿洲，稀缺的资源总是显得无比宝贵，让人渴望拥有。

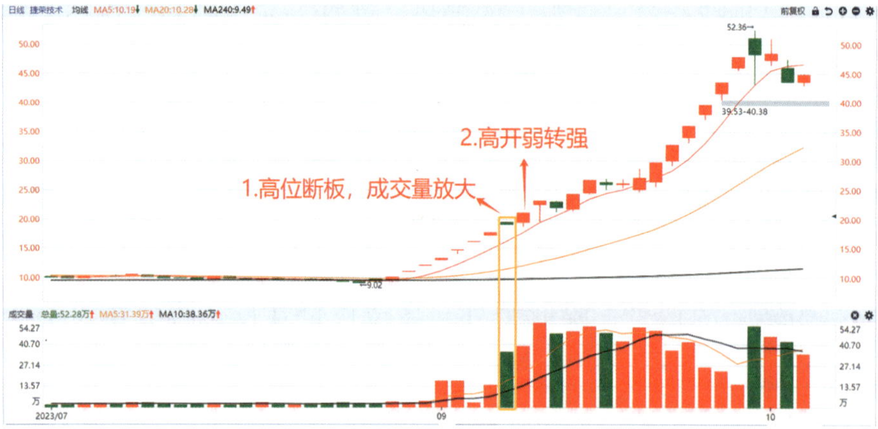

图 2-55　捷荣技术（002855）图解

如图 2-56 深振业 A（000006）案例分析所示，该股 4 进 5 断板，断板当日属于高位放量，次日高开，因为不是龙头股，所以失败了。弱转强的前提是强转弱。强的特征就是具有龙头股的特性或者流通市值很大（100 亿元起步），遇到此类股票要注意区分，如果不小心买进此类股票，不用太着急割肉，要进一步分析股票的市值，市值小的股票实属炒作，断板意味着黄鹤一去不复返，操作失误后应尽早割肉，若市值比较大，后市反弹的机会还是比较大的，比如图 2-56 中的个股，后市又涨到了高点。

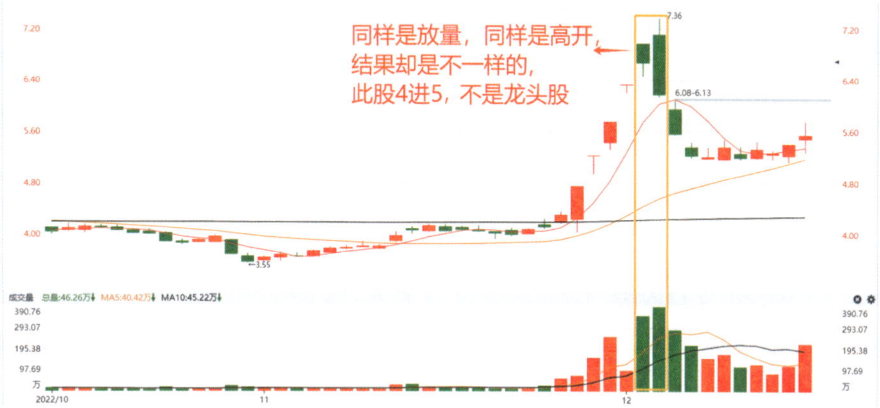

图 2-56　深振业 A（000006）案例分析

如图 2-57 人民网（603000）案例分析所示，该个股 3 进 4 失败，这种情况下失败基本是两个方面的原因：一是非龙头股，二是不高开。不高开的失败率更大，所以遇到高位放量最好的做法是操作龙头股。选择龙头股做弱转强的行情包容性很大，根据个股流通市值决定去留，流通市值大的，包容性更大。

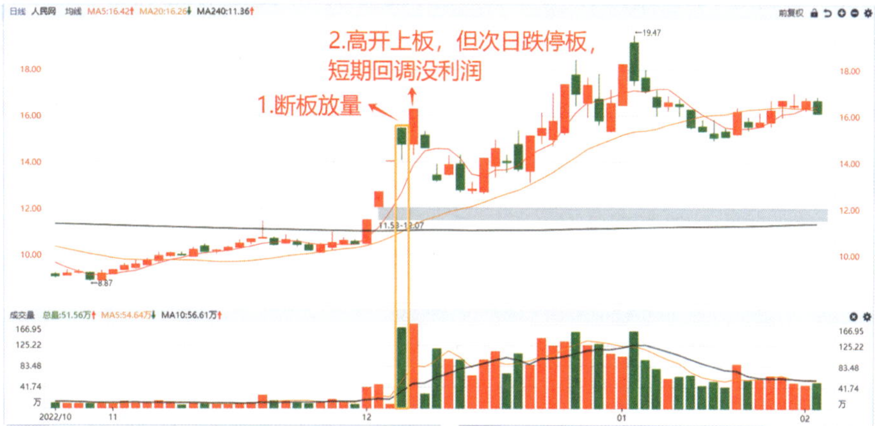

图 2-57　人民网（603000）案例分析

（2）低位放量。反包模式中，低位放量包含两个要素。第一，放量泛指连板数量不高的断板当日放出巨量，通常是一板断放量、二板断放量和三板断放量。这里的巨量最少是较前一天放大 1 倍以上。四板断以上不属于低位放量的范畴，也不属于龙头股，我们将这类断板的出现判断为跟风性质，在反包模式中这类断板很鸡肋，食之无味，弃之可惜，所以我们不做太多分析。第二，要确定股价处于底部。我在前文详细介绍过缩图看势，大家可以利用缩图的方式确定股价是不是在底部。

底部放量是可以判断股票价格走势的，这通常意味着股票价格见底。经常有人讲“量在价先”，这表明了先有量再有价的现象。单纯观察量能是不能很明确地找到上车点的，我们将其套入反包策略中，利用量价和位置的关系，巧妙分析个股断板，更容易找准股票反包的上车点。

我们分析低位放量，主要是分析股票断板当日的成交量。

结合案例，我们进一步分析。

如图 2-58 工业富联（601138）图解所示的分析步骤，首先，我们要确定两个低位：一个是股价的整体位置处于底部，另一个是有低位的断板。低位断板我在前文讲过，包括一板断、二板断，顶多观察到三板断。其次，我们要观察的是断板的成交量。我讲过运用反包策略要观察流通市值大的个股，这里也一样，这类股票一旦出现低位放量就是千载难逢的机会。量价和位置的应用为反包策略增添了不少底色。

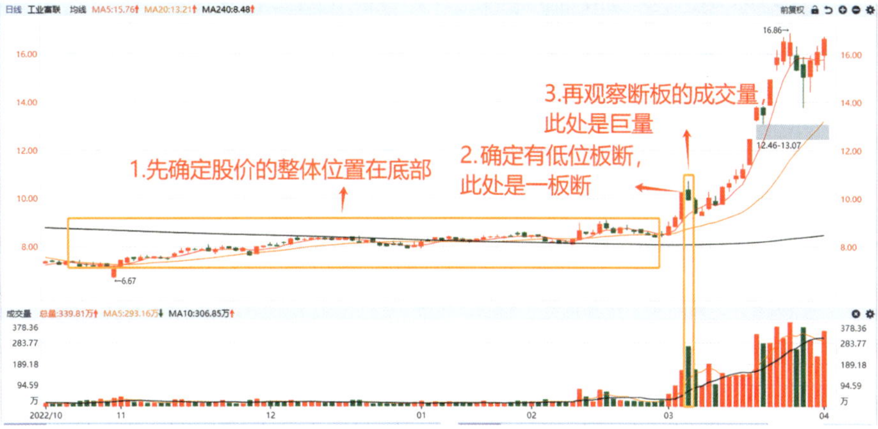

图 2-58 工业富联（601138）图解

莎士比亚曾说，没有比较就显不出长处，没有欣赏的人，乌鸦的歌声也就和云雀一般，要是夜莺在白天杂在群鹅的聒噪里歌唱，人家绝不以为它比鹪鹩唱得更美，多少事情因为逢到有利的环境，才能达到尽善的境界，博得一声恰当的赞赏。莎士比亚是英国文艺复兴时期的作家，其文学思想能让人产生共鸣，可以应用到不同领域中。大部分交易者在龙头战法、趋势战法、反包战法等策略中没有办法选出适合自己的战法，更有一些小白在不知道市场凶险的情况下，盲目打板。比如使用龙头战法，交易者必须明白很多只股票才会出一只龙头股。任何技术都要在特定的范畴内才能发挥作用。有位股票交易大佬曾说过："大部分交易者都是在杂毛上赚钱的。"这句话是绝对真实的。

从表面分析，放量代表了需求强劲，说明有人在积极买入，是看多的信号，这个观点是没有问题的。但如果结合位置去分析，就知道这一观点是片面的。放量发生的位置如果在底部区域或者出现突破的区域，表明新一轮上涨行情正在形成，是看多信号。但如果放量发生的位置在一波明显的上升趋势的末端，那么放量的意义就截然不同了，代表着最后的需求被透支，是高潮见顶的前兆。

在具体的量价分析中，股价所处的位置非常重要。从严格意义上讲，要把局部的放量行为放在全局去分析，要放在整体走势中去衡量所处的位置，这样才能识别出其代表的真正意义，得到有概率优势的答案。脱离位置单独谈一个量价关系，是没有任何意义的，在实际操作中是特别容易出错的，所以考虑位置其实是一种全局思维，也就是“从大处着眼，从小处着手”，不能仅仅拘泥于一个局部的量价行为，脱离整体结构。

（3）底部形态。很多交易者不能识别底部的形态，而是随着股价越来越高，底部形态凸显的时候才能看得清楚。在股价起涨的初期，你所看到的底部形态往往是像图 2-59 常山北明（000158）年 K 线所示的形态。我们可以借助年线的位置来作进一步分析，好的形态和好的涨势都会在年线上启动。这是很多交易高手都在用的箱体形态，是一种蓄势大形态，在诸多模式中都有参考价值。

大的主力和资金群体做盘，不急不躁、步步为营，底部大形态都是主力悉心运作的。《劝学》中说：“故不积跬步，无以至千里；不积小流，无以成江海。”洞察市场的火眼金睛不是一朝一夕就能练成的。

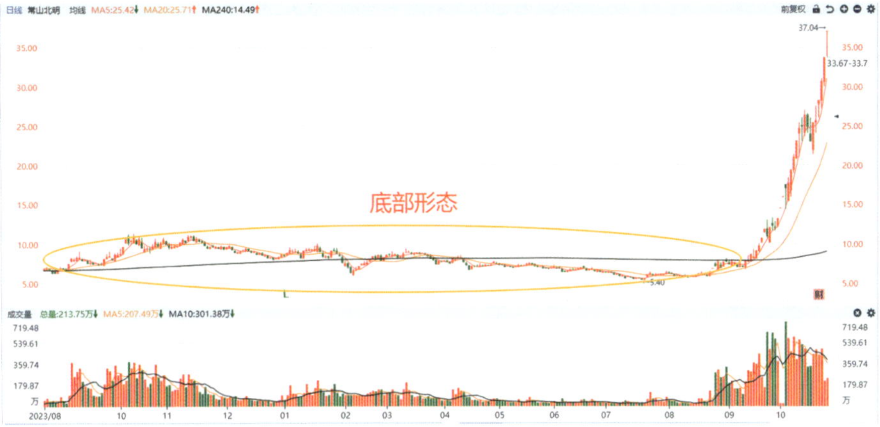

图 2-59 常山北明（000158）年 K 线

（二）反包模式中的流通市值和换手率的变动关系

很多交易者长期研究和观察股票的换手率，但只对单一指标进行分析，不结合具体策略是没有价值的。换手率也被称作周转率，是指股票在一定时间内转手买卖的频率，是反映股票流通性强弱的指标之一，我们可以简单将其理解为交易的频率。刚上市的新股和次新股的换手率通常是很高的。对于这类特殊且普遍的现象，本章节不做分析。

换手率是反映股票流通情况的。大多数交易者认为换手率越高代表个股越活跃。这一观点乍一看是对的，但是经不起推敲。考虑换手率的时候，要结合流通市值来分析，像工业富联（601138）这类几千亿元市值的股票，常年的换手率都在 1% 左右。对于这类超过 1000 亿元市值的股票，就不能通过换手率来判定活跃度了；相反流通市值很小的股票，比如市值不到30亿元，甚至市值只有10亿元的股票，日常涨停断板的当日换手率就高达30%，这单纯是盘子太小造成的假象性高换手率。对于这类股票，分析换手率是没意义的。

对换手率的研究，一定要结合流通市值分析，给大家划定一个区间，流通市值在60亿元～500亿元之间，可通过换手率界定股票的活跃性。

结合反包策略，进一步分析换手率，可以让大家更好地运用策略。在实际操作中，我们分析换手率主要是观察股票涨停当日的换手率和断板当日的换手率。根据换手率，可以将股票的状态分为低迷状态、正常状态、活跃状态、高度活跃状态。需要注意的是，分析换手率要结合股票的位置，高位高换手率，意味着高潮见顶。我们寻找换手率的规律是为了明确上车点。对于高位高换手率的股票，我们不做分析。

（1）低迷状态及正常状态。通常情况下处于低迷状态的个股日换手率在5%以下，处于正常状态的个股日换手率为5%～10%。这两种状态的个股交易额小于10亿元，在反包模式的实际操作中没有特别明确的应用。对于换手率处于正常状态下的股票，在做反包模式分析时，不必强行结合换手率分析，可以结合题材、位置、流通市值及相关技术要点确定有没有进场点。

（2）活跃状态。个股的日换手率为10%～15%且成交额大于10亿元，表明股票处于活跃状态。我们观察换手率，只分析处于活跃状态和高度活跃状态的股票；同时，加上对股票位置的分析，才能更好地为反包策略提供有力的支撑。

（3）高度活跃状态。个股的日换手率超过15%且成交额大于10亿元，表明股价走势处于高度活跃状态。为什么一定要加上成交额呢？因为换手率主要换的是资金，也就是成交额，高换手率匹配大成交额，说明该股有主力在强势运作。另一方面要结合股票的位置分析，低位断板，换手率越充分越好，成交额越大越好，这说明市场主力在抢筹码。

换手率和流通市值之间的变动关系是比较复杂的，我们采取简单的方式结合实际去应用就可以了。当流通市值较大时，相同成交额下的换手率较低；当流通市值较小时，相同成交额下的换手率较高。这一点是需要我们明确的。所以我们在分析换手率的同时，要考虑流通市值的大小。

我们还是结合案例，做实际分析。

如图2-60南天信息（000948）案例所示，我们在利用换手率找进场点时，要结合位置分析，再把这些信息点一个一个地串联起来，配合反包策略来使用。

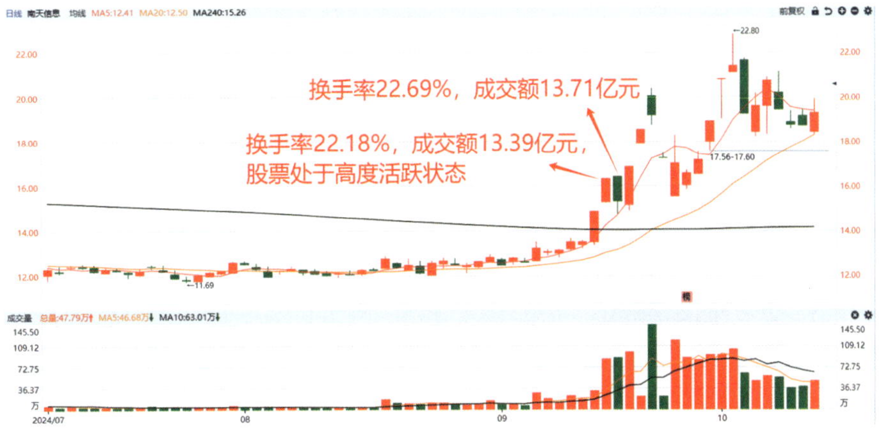

图2-60 南天信息（000948）案例

操作中有几个需要注意的点：

第一，位置要低。这里指的是股价的整体位置要处于底部。另外，断板的位置要低，只观察一板断、二板断就可以了。

第二，观察换手率，主要是看断板当日的换手率；断板前一日的换手率也可以参考，大小都可以。

第三，对换手率的分析一定要结合成交额才能形成完美的闭环。

第四，换手率变高，成交额变大，成交量自然也是放大的。我们可以清晰地看到，图 2-61 鲁抗医药（600789）案例中个股底部的成交量是巨量。

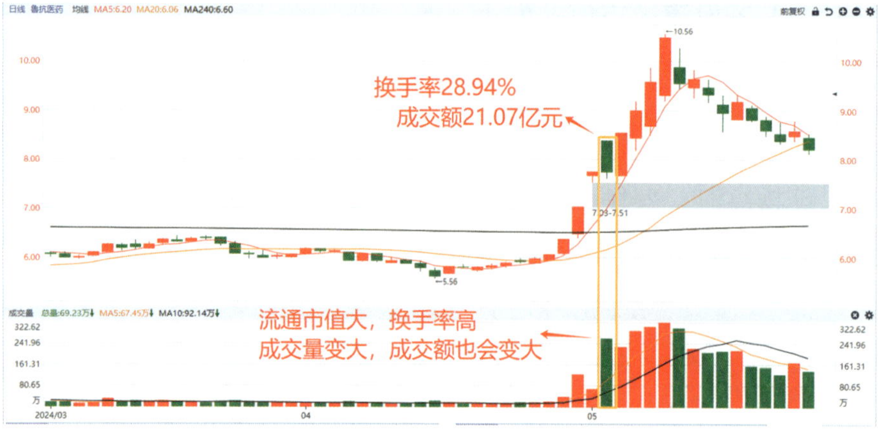

图 2-61　鲁抗医药（600789）案例

很多人在市场上利用同样的技术指标，但在操作中得不到有效的结果，很主要的一个原因是设定的条件范围太大，造成反映出来的信息太片面且具有欺骗性。有一天，我在直播间讲换手率，刚讲完，有位粉丝找了一只换手率高的股票给我看。那仅仅是一只底部换手率高的股票而已，流通市值不够，成交额也不够。不符合条件的股票太多了。我们可以设定一个换手率的条件，给这个条件圈定一个范围，谁设置的圈子小，谁就更容易抓住目标，就是这么简单的道理，希望大家都能懂。

换手率和成交量是相辅相成的同向指标。炒股的人经常听说一句话："市场上那么多指标，只有换手率和成交量是最真实的。"我还是那句话，任何指标想要能用、好用，必须设定一个范围，将指标圈定在一个很小的范围内使用，范围越小，越好用。

大部分交易者对股票图表缺乏"审美"能力，对股票的位置、量价、换手率和市值没有一个衡量标准，没有对位置做分析。个股后续走势中不可预知的因素太多了。很多坑的下面没有底，为什么？亏损达到50%都还没结束，主要就是因为位置选错了。无论采取什么策略，配合位置分析才是最坚实的一条路径，买入的股票掉也掉不了多少，就算掉下去也有兜底位置。

再说成交额、成交量和换手率。资本市场你不认资本，认什么？只有资金才能为我们保驾护航，一切指标、均线一定要踩在资金之上，所以我是不看什么支撑位、压力位的，一路下跌，哪里去找支撑？往往一直跌到底部才能找到支撑，这叫什么支撑？"天坑"都要跌出来了，一万种指数也只是空中楼阁而已。

在《博弈论诡计》中有一个案例。一位失去双腿的男人遇到一位双目失明的人，于是他就跟盲人提议合作，说这样可以给彼此带来莫大的好处。他对盲人说："我趴在你背上，这样我可以利用你的腿，你可以利用我的眼睛，我们两人合作，做起事来更快一些。"显然，失去双腿的男人是聪明的，双目失明的人也是聪明的。在市场中，单独的 K 线分析、量价分析就像瘸子或瞎子，单独使用都是不完整的。我们要把它们联合起来，套进策略中，才会有一系列丝滑的操作。在反包策略中，就算个股处在好的位置，也要配合量价分析和换手率分析考虑。

股市这么大，股票这么多，看上去机会很多，但是股市里的资金有限，必须筛选出我们熟知、能够驾驭的方法。筛选就意味着我们不可能什么钱都赚，要赚我们看得懂的钱，主动放弃风险操作，这比哆哆嗦嗦回避风险更有意义。主动放弃就意味着看不懂的要放弃，涨过头的要放弃，位置不好的要放弃……就做那些一看就懂的交易，这类交易要靠等待。

（三）反包速度的快慢跟下跌缓急有关

在反包策略的实际应用中，从时间的维度分析，个股有快速反包的，也有速度相对缓慢的反包，排除情绪和题材因素之后，这种现象跟个股回调的速度有关。回调迅速，反包就会迅速；回调过程缓慢，反包速度自然就缓慢。正所谓猛烈的打压换来猛烈的拉升，打压过程不猛烈，反弹自然也就不够迅猛，这种现象是极度契合自然规律的。

如图 2-62 省广集团（002400）案例所示，该个股适合用反包回调战法。该股以迅雷不及掩耳之势到达低点，遭到猛烈的打压。这类下跌可能是情绪引起的，也可能是题材分歧造成的。从本质上讲，猛烈的打压能够有效换来猛烈的拉升。

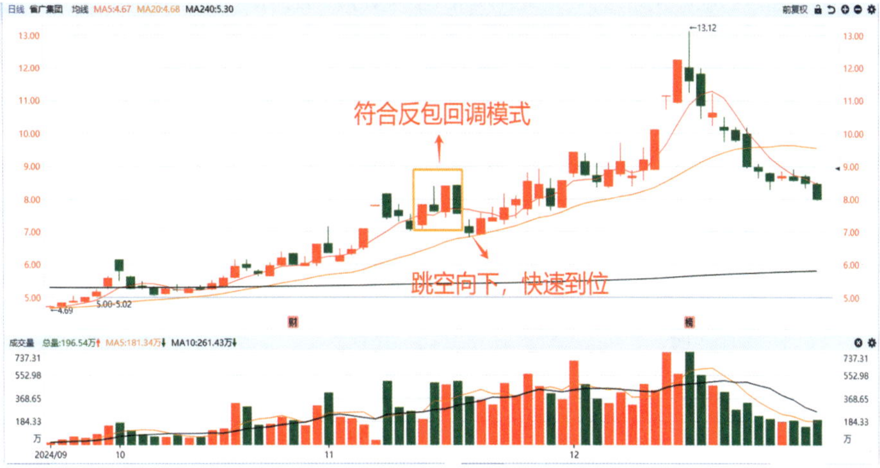

图 2-62　省广集团（002400）案例

如图 2-63 永杉锂业（603399）案例所示，该个股在出现适合反包回调战法的图形时，回调的速度很缓慢。这类股票走反包行情的速度也会很慢。总之，股票的背后是人的操作，人与人的性情不尽相同，股与股的股性也不是都一样的。

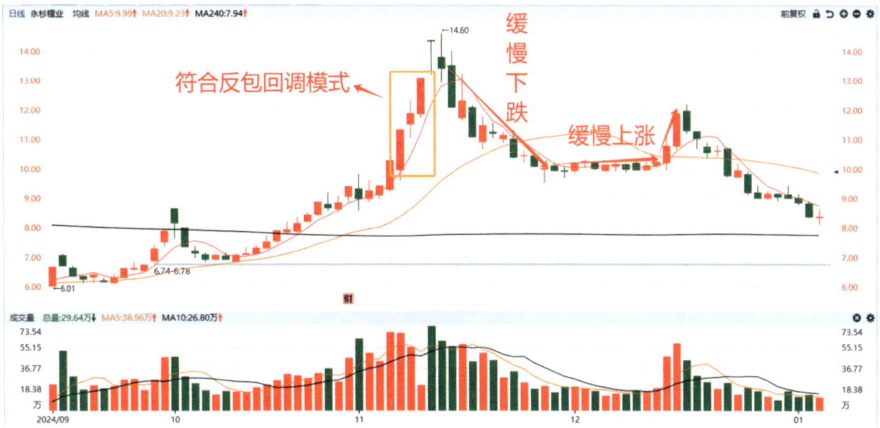

图 2-63　永杉锂业（603399）案例

很多人对股市的善变是不太适应的，比如一只股票，前期是慢涨，后期变成快涨，顶部就不会很远了。个股是这样，大盘是这样，事物的极端转向是这样，万物的破灭也是这样。在股市里，尽管人人都希望自己的智商高一些，但情商高一些在股市里更容易有前途。

第六节　反包的复盘流程

与其过多、全神贯注地分析大盘走势，不如多花点心思好好复盘强势的个股并做好跟踪和分析。任何情绪面的分析、大盘指数的分析始终是要在个股上找答案的，炒作始终是围绕个股展开的。A 股市场已经进入一个全新的大时代，在这种投资背景下，主导行情的是强势板块下的强势个股，市场资金受大盘牵绊呈减弱态势。

（一）复盘的重要性

复盘能快速提升盘感，但盘感不是指复盘多了就可以凭感觉投资。虽然听上去有点“玄”，但盘感其实是特别科学的。随着交易的时间越来越长，看盘的经验越来越多，延伸出来的判断能力就越强，盘中的把握能力就越强。复盘最直接的效果就是会提高交易的胜率，提高临盘的应变能力。复盘分为两种：

第一，复测历史。学习了反包策略以后，我们要把所学所想反复推演，最好的一个方法就是复测历史。比如用跌停板战法把近 3 年的跌停板复测一遍，你就会迅速掌握这个战法的秘诀，比临盘试错更快上手；用反包战法对近 3 年断板的股票不断复测、推演，掌握反包在市场上的运行规律。学习是一个过程。马尔科姆·格拉德威尔提出一万小时定律。他说，人们眼中的天才之所以卓越非凡，并非天资超人一等，而是付出了持续不断的努力。他认为任何人想要在某个领域成为专家，最少需要一万小时的练习。这个定律强调了持续不断的努力和练习对于达到卓越水平的重要性，炒股亦是如此。复测历史能让你检验模式的正确率并迅速掌握模式的要点。

第二，复盘当下。这是我们在交易日当天必须做的一件事，只要明天开盘，好的交易者就必须复盘。99%的成功考验的是盘后功夫，复盘当下包括收集当天的数据，获取市场当天的成交量，分析当天的市场情绪，关注市场的热点，最重要的是明确找出次日的股票池并做好交易策略，便于次日操作。

（二）反包模式的复盘流程

第一步，寻找市场热点题材。这一点在前面章节讲解过，热点题材通常容量很大，题材内股票数量繁多，能够容纳大资金入场。热点题材内部涨停股数量较多，且涨停的股票有大市值核心容量票。在热点题材发酵初期，龙头股已初步有辨识度。除此之外，热点题材下有明确的政策引领，消息面出自国家部门或相关部门。还要观察市场情绪和成交量，二者缺一不可，比如市场情绪好、成交量不足或成交量大、市场情绪不好，都不足以支撑几个题材同时上涨，大部分时候市场上的主流题材只有一个。当成交量有效放大和市场情绪高涨时，市场会出现对主流题材、次流题材和支流题材的轮番炒作。

第二步，确定好主流题材，最重要的还是要明确股票池，我们运用反包策略只复盘涨停池。当天的涨停池里肯定没有断板的股票，所以我们先看当天的涨停池，这是为了简单掌握市场上的涨停情况。我们以 2024 年 9 月 25 日当天的行情为例，使用同花顺软件，做一下复盘演习。

如图 2-64 复盘界面所示，复盘用的界面简单分成几个部分，我们可以清晰明了地掌握当日的盘面信息，9 月 25 日只有涨停板，没有断板，所以我们要看 9 月 24 日的涨停池，里面有 9 月 24 日涨停、9 月 25 日断板的，以此类推要往前看 5 ~ 10 个交易日。

图 2-64　复盘界面

以 9 月 25 日为例，复盘要看 24 日、23 日、20 日、19 日、18 日的涨停池（22 日和 21 日不是交易日），以此获取模式内的断板票，并根据模式要求，做次日的交易策略。

如图 2-65 复盘页面详解所示，根据前面章节所学内容，我们成功找到了炸板票，这时候要对炸板票进行分析，确认股票是否满足策略内的条件，若满足，则将其加入自选并做出次日的交易策略。炸板反包的进场点是高开，图中本钢板材（000761）次日迎来高开买点并收获涨停板。

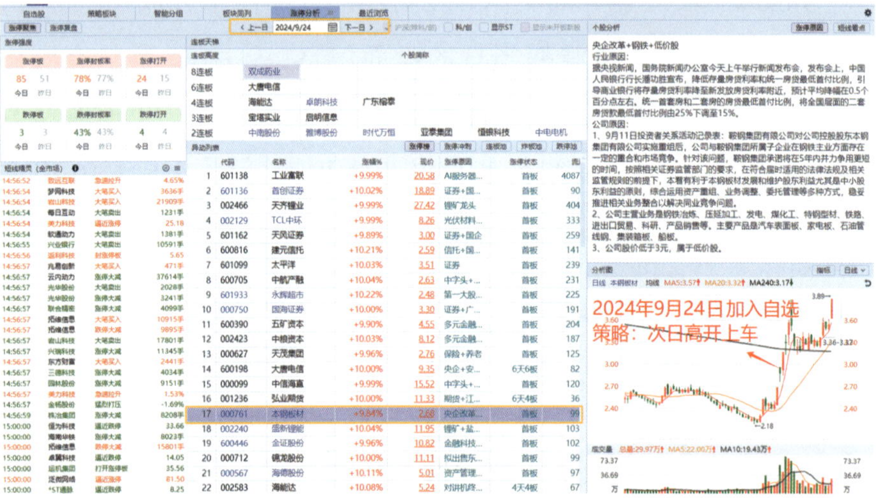

图 2-65　复盘页面详解

如图 2-66 复盘界面展示所示，2024 年 9 月 20 日我们发现鼎信通讯（603421）满足条件，前面章节我们讲到要专门建立一个股票池用来观察，9 月 26 日和 27 日该股日 K 线有了比较明确的观察点，最终我们在 9 月 30 日迎来高开进场机会。

复盘是交易成功的最佳途径，那复盘是复什么盘呢？我们把复盘分为三类：

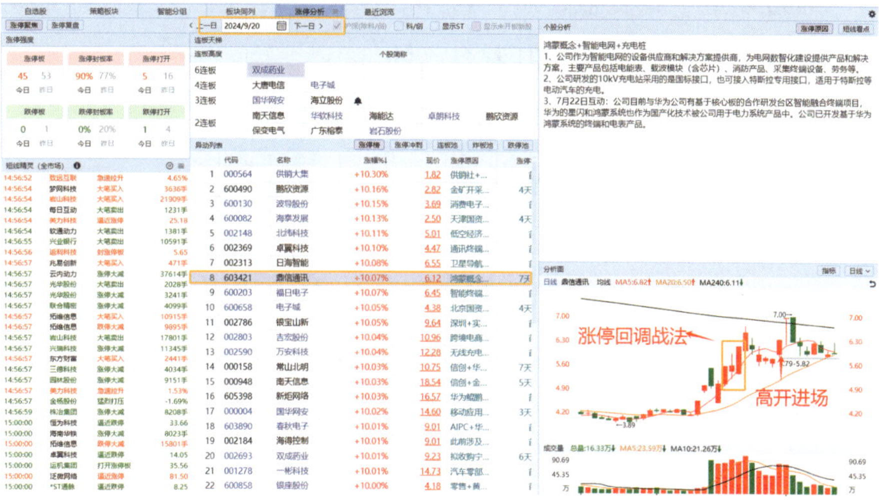

图 2-66 复盘界面展示

一是复盘行情找品种，即每天花半小时到一个小时专门找符合交易手法的品种，做出次日的交易策略，等待进场信号。

二是复自己的盘，去看自己的交割单是不是严格执行了策略内的进场信号。如果有止损，找一找止损的原因。通过这种复盘，及时总结经验，吸取教训。没有记录就没有发生，在面向自己的复盘中，对自己的经历定期回顾，相当于不断进行“沙盘模拟”，就会慢慢形成一些思考框架和行为习惯，在决策时会变得更加系统、更加全面，会自觉地绕开曾经走过的弯路。这不就是经验吗？有了经验的加持，我们就会形成认知—思考—决策的全过程能力，这是宝贵的人生经验。

三是检验模式。当你有了一套交易的方法以后，要把这套方法套在历史行情当中去复盘，这种复盘也是推盘。如果通过这种复盘，发现方法内的胜率和盈亏都具有高性价比，再把这套方法，套在当前的行情中去实践。

通过以上三种复盘，做到自律、反思、迈进。交易大师都是一只眼盯着市场，一只眼盯着自己的。

（三）手机复盘的方法

大部分散户并不是职业交易者，很多人用手机操作、用手机复盘，虽然跟电脑相比手机有很大程度上的局限性，但手机带给半职业交易者的是交易的便利性。我们没办法要求各行各业的半职业交易者非得用专业的设备去做交易。这一点我感同身受，在踏上职业交易之前，我也是兼职炒股，有时很难在工作场所用电脑做自己的交易。所以在很长一段时间内，我都是用手机交易的。然而，这并不影响我的操作。后来在我的训练营里，大部分学员都是用手机交易的，这跟我想的一样。为此，我经常鼓励他们。我建议大家先有一份稳定的工作，然后再来市场里试错。因为我深知这个市场的残忍和惨淡，这条路一定是比想象中更艰难的。当你的全部生活费用都要依靠股市收益的时候，若你的交易不够成熟，它并不能像一份工作那样供你的三餐，所以从半职业到职业是需要过渡好多年的。好在现在通信发达，手机交易软件功能齐全，易用性也强，用于分析股市的 App 数据准确、使用便捷。

手机和电脑复盘是有很大区别的。手机的界面小，显示的 K 线数量不够，用周 K 线和月 K 线也只能看大的趋势，关系到次日的操作，观察和分析日 K 线会更精准一些。鉴于手机的界面问题，我们可以通过缩图看势来解决 K 线展示的问题。除此之外，手机和手机也是有区别的，我们可以通过画面来感受一下。

以同花顺软件为例，如图 2-67 iOS 系统缩图状态和图 2-68 安卓系统缩图状态所示，我们可以清晰地看到，在缩图状态下两种手机的展现方式，iOS 系统的手机在这方面明显更胜一筹。

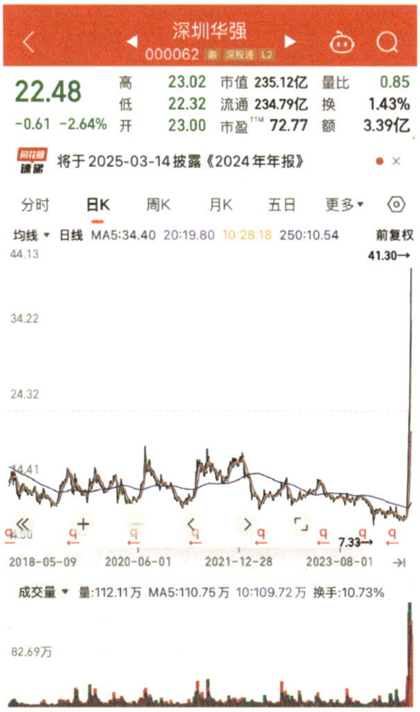

图 2-67 iOS 系统缩图状态

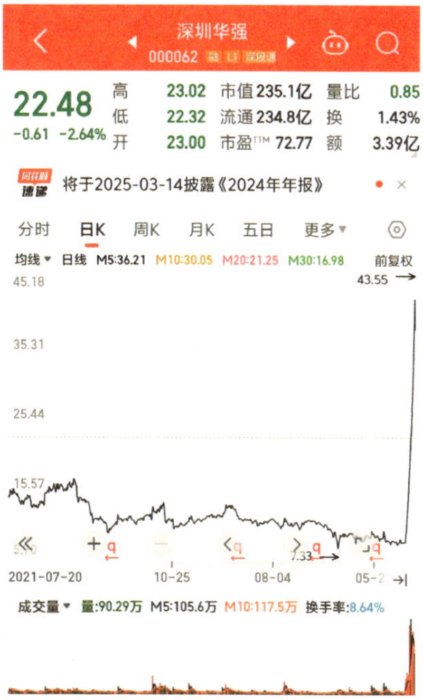

图 2-68 安卓系统缩图状态

如图 2-69 涨停聚焦界面所示，用手机复盘，界面的类目也是清晰可见的，所以用手机复盘并不会影响复盘的准确率。很多股市资讯类的 App 为我们盘中和盘后提供了大量有价值的信息和资讯，如图 2-70“开盘啦”App 界面所示，“开盘啦”对题材的强度总结展示得很到位，可以有效帮助我们迅速锁定当天的题材热点。

图 2-69 涨停聚焦界面

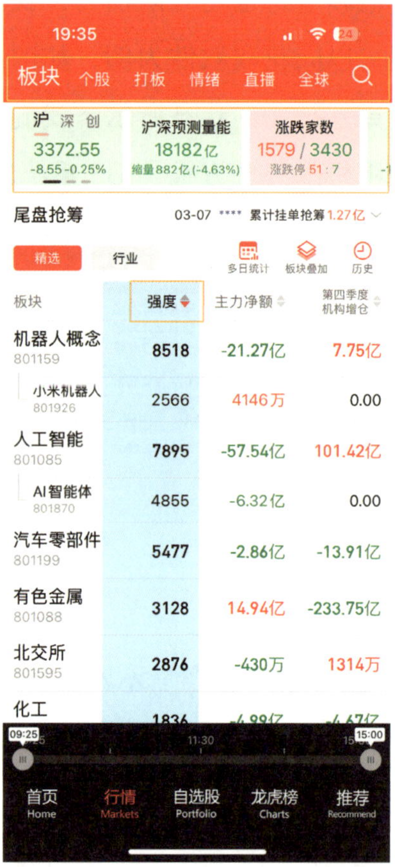

图 2-70 “开盘啦” App 界面

下面演示一下用手机复盘的方法，以同花顺为例。

如图 2-71 手机同花顺涨停聚焦界面所示，假如今日是 2024 年 9 月 27 日，首先我们找到“涨停聚焦”，当日的涨停板里是不会有断板的，了解一下当日的涨停板之后，我们要复盘前 5～10 个交易日的涨停板，最少需要复盘 9 月 26 日、9 月 25 日、9 月 24 日、9 月 23 日、9 月 20 日的涨停板，并按照策略，锁定目标，做出 10 月 10 日的操作布局。

图 2-71 手机同花顺涨停聚焦界面

第一步，通过条件找个股。

如图 2-72 所示，我们从 9 月 26 日的涨停聚焦发现了浪潮软件（600756）在 9 月 27 日炸板，符合炸板反包条件。进一步分析此股是否可以列入观察。结合流通市值、主流题材、位置、换手率等，可把该股纳入次日的交易计划中。

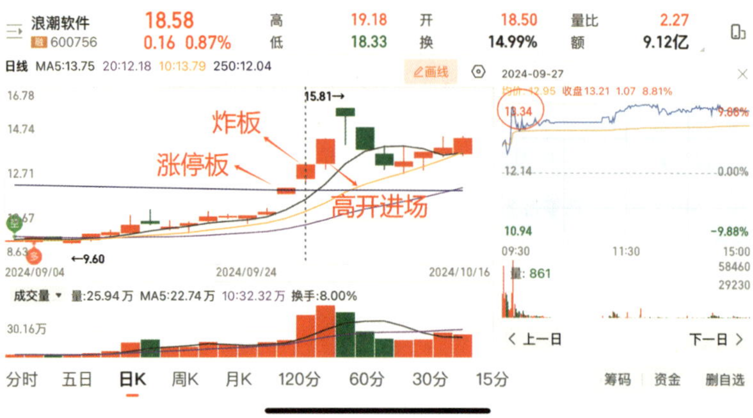

图 2-72　浪潮软件（600756）案例

第二步，根据个股做策略。

根据炸板反包的进场点做次日交易计划。前面章节我们讲到炸板反包本质上是个股由弱转强的体现之一，进场信号为次日高开，那么我们就可以清晰地知道，只要浪潮软件（600756）在 9 月 27 日竞价高开就可以操作。

第三步，按照策略做交易。

9 月 27 日 9 点 25 分竞价结束，我们确认浪潮软件（600756）高开，那么问题来了，到底是在 9 点 25 分买入还是在 9 点 30 分买入？目前 A 股市场实行注册制，注册制下盘中交易受“价格笼子”限制，集合竞价时段（9 点 15 分至 9 点 25 分/14 点 57 分至 15 点）不受“价格笼子”限制。在实际操作中，以浪潮软件（600756）为例，我喜欢在 9 点 24 分 50 秒挂涨停价买进，以便优先成交。

盘后的市场分析是冷静的、理性的，次日盘中的操作活动则依靠人的本能、感觉等，这两者之间有巨大的鸿沟，任何一方面都不能忽略。

没有盘前的分析，就失去了对市场大方向的把握，不带指南针如何在海中航行？市场外的分析是任何交易活动的基础。那么，看盘在交易中又起到什么作用呢？

贯彻盘前制定的交易策略和操作计划。选择合适的时间，是竞价就符合预期，还是盘中交易？什么价位去买，是追高还是只能低吸？这是盘中要考虑的事情。

复盘不仅看结果，更注重过程，犹如审视棋局，细微之处见真章。股票买卖的是未来，市场不会永远简单地重复过去，复盘的关键是制定正确的交易策略。我们应该始终围绕明确的目标和问题开展复盘。对于反包策略来说，每一个模式都有比较明确的观察点和进场点，比如跌停板，观察点是断板之后的跌停板，而不是任何个股的跌停板都行，要分清楚、搞明白股票跌停之前有没有涨停板、有几个涨停板。要充分结合流通市值找到高性价比的标的，进场信号应该是次日高开。

杰西·利弗摩尔曾说，他炒股 40 年，每天都能从股市里学到新东西。华尔街有个说法：你如果能在股市里熬 10 年，你应该能不断赚到钱；如果你熬了 20 年，你的经验将极有借鉴价值；如果你熬了 30 年，那么你在退休的时候定然是极其富有的人。做股票的这些年，我将这一过程分成四个阶段。

1. 蛮干阶段

完全没有主意，不知为何买股票，也不知为何卖出股票，喜欢看消息，看到消息就幻想，喜欢追涨杀跌、盲目操作，最终成就了人生四大不幸之一——“炒股炒成股东”。

2. 自信阶段

处于这个阶段的交易者差不多明白了炒股的行规，知道依赖市场情绪，分析市场的热点，不敢追高，知道止损，尝试各种方式，沉迷于均线、MACD、KDJ 等指标分析，一腔热血研究技术，心理上高度自信，操作上、方法上有时有效，有时无效，刚一知半解就觉得自己翅膀硬了。

3. 砥砺阶段

这个阶段的交易者初步有一套自己的交易策略，理解市场大势和交易本质，知道什么股票走势正常，对市场上发出的危险信号很敏感。虽然偶尔会犯点小错，但是已经在对抗风险了，交易模式越来越成熟，操作上越来越干练，对于账户盈亏做到了不以物喜、不以己悲。

4. 丰收阶段

有耕耘、有汗水，经历过痛不欲生，终于破茧而出。处于此阶段的交易者虽然操作频率不高，但成功率很高。面临市场大跌不慌不忙，面对市场柔和而坚定，沉静而果敢。

股市是博弈学，基本面、技术面、消息面、政策面只是参考工具。只有从资金的角度分析，才能窥见市场运作的全貌。也就是说基本面要得到资金的认可，技术面要得到资金的认可，消息面要得到资金的认可，政策面也要得到资金的认可，否则一切都是空谈。为什么一只股票基本面很好却一直不涨？为什么一只股票业绩很好却一直不涨？为什么某个消息这么好，这个题材也不涨？答案就是没有得到资金的认可。

行情本是资金之间的博弈，交易者必须站在市场资金博弈的角度认识交易，站在主力利益的角度看待市场机会。如果不彻底颠覆认知，还是停留在过去的交易思路中，在交易上就难以取得突破。博弈之路需要颠覆好多次认知，把过去的错误理念彻底推翻，才能重来。如果你之前的交易思路是对的，在市场中早就赚钱了。市场是检验认知的基石，既然你在过去的市场中没有赚到钱，这就足以说明你过去的认知有限，不足以战胜市场。所以要清空你大脑中过去不适应交易的一切认知，以资金博弈的交易思维入市，从主力资金群体利益的角度理解市场，以回避风险、保护本金为首要任务，重新整装出发，洞察市场炒作的玄机。

反包策略

第三章

冷静的职业交易范儿

交易的境界

（一）澄明之境

在生活中，孔子的学问能为我们提供许多智慧和启示。北宋初期，宰相赵普被赞誉“半部《论语》治天下”，可见孔子思想的深远影响。如果《论语》中的智慧连天下都能治理，那么用它们来指导投资，也未尝不可。

子曰：“道听而涂说，德之弃也。”意思是在路上听到传闻不加考证而随意传播，这是背弃道德的行为。这在交易市场中可以简单理解为不要听小道消息。很多交易者喜欢听小道消息，听朋友说这个企业要合并，听七大姑八大姨说这个公司的业绩很好，这不是正确的投资之路。消息可以看，也可以信，但要看权威发布的消息。这是个存在信息差的时代，掌握了重要的消息门径，就等于跨进了财富的大门。

子曰：“贤者辟世，其次辟地，其次辟色，其次辟言。”子曰：“作者七人矣。”用 A 股语言来说就是：炒股的人，先要避开不好的环境；要择时，避开不适合交易的时间；要择机，避开不好的个股；最后，要避开诱惑性的消息。能做到这样的人不多，也就顶多 7 人。

在学习技术的路上，一旦掌握了一项技术的“命门”，就不再需要苦苦追求技术本身了，而是要等待时机。技术有两部分内容，第一是技，第二才是术，讲究技在术先，术是不需要学习的，更讲究自然过渡。子曰：“吾十有五而志于学，三十而立，四十而不惑，五十而知天命，六十而耳顺，七十而从心所欲，不逾矩。”意思是我十五岁开始立志学习，三十岁能立足于世，四十岁（通达事理）不被外物所迷惑，五十岁知道哪些是不能为人力支配的事情，六十岁能听得进各种不同的意见，到七十岁做事才可以随心所欲、收放自如，却又不超出规矩。这句话反映了一个人为学从自律到自觉的过程。

除此之外，《人间词话》有云，古今之成大事业、大学问者，罔不经过三种之境界：“昨夜西风凋碧树，独上高楼，望尽天涯路。”此第一境界也。“衣带渐宽终不悔，为伊消得人憔悴。”此第二境界也。“众里寻他千百度，蓦然回首，那人却在灯火阑珊处。”此第三境界也。在股市中，投资者往往会遇到各种困境，而王国维描述的三种境界或许能为我们提供一些启示和参考。

话说回来，投资不得不提的还是风险，很多人的投资之路充满坎坷。《股票大作手回忆录》这本书对许多投资者影响深远，我读这本书时对其中三个故事情节印象最深。

第一个故事情节，杰西 · 利弗摩尔小时候经常去股票对赌场所玩耍，他对数字特别敏感。杰西 · 利弗摩尔很聪明，利用时间盈利，名声大噪，赚了很多钱，最后所有股票对赌场所都将他列入了黑名单，拒绝他入内，当时他也就 20 岁吧。

第二个故事情节，股票对赌场所拒绝他入内，他只能去大城市正规的股票交易所，但正规的股票交易所完全堵住了股票对赌场所的那些漏洞，他赚的钱很快就输完了。他只好再次回到家乡找代办人去非法的股市交易所赚钱，然后拿着盈利再去正规的股票交易所交易。最终功夫不负有心人，他摸索到了规律，开始稳步盈利了，做多又做空，让他在短时间内积累了大量的财富。美国 19 世纪 20 年代的经济危机让他名震全国，一时之间他成了证券市场上的风向标。

第三个故事情节，虽然他对市场很敏感，操盘技术非常强，但是他犯了一个致命的错误，那就是逆势而为，想凭一己之力改变市场运行规律，造成最终贫困潦倒，当然中间还夹杂着三起三落，这里就不一一细说了。

杰西·利弗摩尔给我留下最深刻的一句话是“华尔街没有新鲜事”。这句话也流传至今。与绝大部分投资大师不同的是，杰西·利弗摩尔是一个非常草根的人物，没什么文化，也不怎么注重自己的社会形象。在他辉煌的时代，什么股票理论都没有，他却凭着天赋把数据在大脑中转化成图形，做到了“眼中无图，心中有图”。杰西·利弗摩尔留给我印象最深的技术是 K 线突破技术（找到股价长期横盘并突破的买点），这一技术要点我已经融合进反包战法里。在洪应明的《菜根谭》中有句话：“伏久者，飞必高。”那些经过长时间积累和准备的个股，一旦有机会展现，必定有显著的高度。所以很多炒股大师在脱离了技术层面以后，内心特别注重位置和环境，不再幻想自己的技术可以逆天改势，反而是新手小白“初生牛犊不怕虎”，刻意地追求技术本身，忽略了技术有用的前提是环境。“覆巢之下安有完卵”讲的就是这个道理。还有很多小白“打破砂锅问到底”，想要理解市场上所有的变化、主力资金的所有行为。把认知放进世界里，我们能掌握的也就是冰山一角，所以不要试图去完全理解市场的所有变化，有些你可以理解，有些你无法理解。我们要忽略混沌的局部，抓住市场运行的核心。

古人云：“取法于上，仅得为中；取法于中，故为其下。”优秀的交易者知道，建立在中线上的短线很好做，建立在长线上的中线很好做，也就是说，对市场走势的宏观把握是做好交易的基础。高明的交易者对市场要有宏大的视野和战略性的眼光，这样才能更好地理解市场、把握市场。

（二）山重水复

事实清晰明了，真理朴素直白，想要成为优秀的反包交易者，需要经历一些过程。

初级新手，知难行难。市场上反包这个模式一直盛行，却没有一本专门用来学习和指导反包交易的书。大家刚读完前面的内容，反包策略的系统在自己脑袋里还是一锅“夹生饭”，有一堆概念要理清，有众多的经典案例要熟悉，对理论要点、交易策略、进场条件的认识很模糊，题材热点也分辨不清，一切似是而非、马马虎虎，看似可以掌控风浪，其实一切尽在不言中，说不清、道不明。这种摸索学习、试错的阶段一般持续半年到一年的时间。技术不似道理那么简单，道理就好比我告诉你好好学习，天天向上，你知道了这叫道理；技术是我会开飞机，我把所有开飞机的高超技术都教给了你，你不练习开飞机，你就无法掌握这项技术。还有比技术更高超的存在，那就是艺术，好比有些人天生就会画画，没有学习过画画但依旧画得很好，这是艺术也是天赋，就是上天赋能。对炒股一学就会、一看就懂、一悟就通的人也是有的，但是大部分人做一件事想要拿到好的成果，通常需要经历 7 年甚至更长的时间。

中级操盘手，知易行难。你经过半年以上的实践，概念开始变得清晰，案例总结了不少，对反包策略的认识逐渐系统化，觉得自己似乎懂了不少，又感觉似乎不懂的更多，已经能挑中不少好股票，但对于一些好股票不敢妄进，理论和实践还存在“灯下黑”和“两张皮”现象。有时一顿操作猛如虎，一看账户二百五，资金账户盈亏时沉时浮，总感觉机会多多，却没有把握住。这种状态大概持续一年。

职业高手，知行合一。经过两年左右的综合学习，在股票形态选择、位置判断、交易策略等方面都有了一定的功力，能清晰地分辨市场热点，把握主流题材，对反包策略已经相当有见识，知道在系统范围界限内行事，能严格贯彻反包策略的操作要领，知道在性价比高的股票上加大仓位，资金账户高盈亏比初步显现，对市场中强者恒强的定律慢慢浸入骨髓，开始明白了“少则得，多则惑”的真味，已经开始练就经典模式出大手笔的真功夫，踏上一条稳步盈利的大道。要达到这种水平，有人可能需要

3 年，有人可能需要 5 年，与聪明与否无关，也与其他无关，殊途自有机遇。学习从来不是一蹴而就的，只要学习没有停止，收获学习成果是早晚的事。《论语·述而》中记载："不愤不启，不悱不发。举一隅不以三隅反，则不复也。"意思是不到学生努力思考却仍然想不透的时候，先不要去开导他；不到学生心里明白，却不能完善表达时，也不要去启发他。如果他不能举一反三，就先不要往下教学了。

顶级高手，意随盘舞。心不动，任凭股价波动，心态平衡、方向坚定、操作稳健，在积累实战经验的基础上，融合心法，形成了一套独特的、完整的交易体系，交易模式追求至明至简，不再对无关紧要的信息乱分析，不再关注可有可无的小道消息，眼光犀利、独到，只做最简单的大交易。

知道了成为职业高手的路线图，我们是否就能成功晋级呢？未见得。这些只是理论概念，在实践的环节，我们受此念或者彼念影响会反复难行。市场行情不一样，情绪不一样，在没成功之前是盈亏同源的。我有很多学员，有坚持用反包策略的，也有半途而废的，尤其是一些新"韭菜"，学着反包策略后来又觉得龙头战法好，还在试错过程中，还没确定长期用什么策略，在各种策略之间来回游走，反而是一些在市场上交易三年以上的老"韭菜"，在市场上虽然还没赚钱，但是已经是老滑头了，学习和坚持反包策略的信心比较足。市场上不仅有龙妖股，还有很多创造龙妖股的传奇故事，无一不深深地吸引着众多散户。要想在股市中盈利，还是要下一番苦功夫才行，那么怎样做才能进退有序、不失分寸又拿捏得恰到好处呢？

1. 从形态下手，识图清晰

选热点题材、选个股两者有先后顺序吗？是先确定热点题材还是先从个股下手？我可以明确地告诉你们，没有先后顺序。当下是互联网高度发达的时代，热点不难判断，难判断的是个股，要先从形态入手粗略选出符合条件的个股，要清晰明了地识别断板的图形。

2. 从位置下手，低处着眼

要结合位置看空间，一只位置居高的股票即使题材再好，盈利空间也是有限的。分析好位置，选定了个股，再结合题材进一步明确选定的个股在不在当期热点题材内，若是热点题材内的股票，就可以制定交易策略了。究竟是高开进场还是加入股票池等待时机？要按规则操作。

3. 从量能下手，强势异动

在反包策略中，我们看量能通常是看断板当日的量能。看量能不能不看位置，如果是高位放量的个股，我们是找不到进场点的，对于这类股票我们不要做无用功，不分析不观察不纠结。前面章节我们讲过看量能只看两个位置，一是整体位置要低，二是连板高度要低，说直白点就是看一板断和二板断的量能，因为量能的释放是由筹码决定的，四板以上的断板都能释放超级大量，资金从底部一路获利，收集了大量筹码，在断板的当日肯定是量能放大的，这实属正常，要学会观察异常的量能、强势的异动。

4. 紧跟主力，找资金突破口

主力是我们的衣食父母，是操盘者真正的大东家。它能指导盘面方向，引领题材，让个股合力上涨，我们必须顺从它的意志和行为。庄家大量的高难度动作，给我们留下了发现和跟随的依据，各类“经典个股”的上涨都来自主力的“异常行为”，我们要看清强势资金的介入，大主力只会出现在流通市值大的个股里，为我们找题材和热点留下可寻的痕迹。邓小平同志曾经说过一句话：“不换脑袋，就换人。”什么意思，自己想吧。

总结起来，模式好的股票有几个特征：

（1）总在关键位置启动。

（2）形态漂亮，没话说。

（3）量能异常，超级丰厚。

（4）题材具有号召力。

我们把操作理念一变，思路就通了：乱七八糟的小行情不搞，不入流的题材不做，主力实力不强、位置不好的个股肯定不能跟，等待是为了全力以赴。

如何挖掘到具有高性价比的股票呢？第一，专门等待超级主力出现。第二，一定是具备想象力的大题材。第三，发生在好位置的大形态。第四，有突出明显的量能。

性价比决定仓位，仓位决定交易者是赚大钱还是赚小钱，不要把交易搞成薄利多销，我们不是量化机器。常言道：“长枪瞄准的是麻雀，肯定打不下天鹅来。”交易行为要有主心骨。

有人问佛祖：“什么是人生？”佛祖答：“放下就是人生。”

在股市中“少则得，多则惑”，不放弃似是而非的行情，就不能把握柳暗花明的机会。

如何提高操盘效率？

如何防范风险？

如何把握机会？

如何衡量风险和机会？

思不思量，这些问题都会挡在每位交易者的面前，躲不掉！一只股票，如果图表上显示无资金入驻，量能无异动，位置没有吸引力，就算题材的消息满天飞，股价趋势也不成气候。为什么呢？一句话：“再好的题材也有不跟涨的个股。”上涨没逻辑，一片不肥沃的土地，怎么能高产呢？

（三）千载难逢

在投资市场里，新手最渴望知道的事情是什么？

是明年某只股票的走势吗？

是下个月某只股票的走势吗？

是下周某只股票的走势吗？

都不是，新手最渴望知道的是今天某只股票的走势如何、市场会怎么样，完全不去思考稍微长远一点的事情，对此也不感兴趣。这是一个新手最真实的心理状态。眼中每天盯着市场微小变化的人，怎么能够看出市场的长远趋势呢？所以新手喜欢追高，对那些处于低位的潜力股似乎视而不见，殊不知行情走出来就是主力为了兑现利润。孔子登东山而小鲁，登泰山而小天下。投资者只有经历过时间的考验，在思维、认识、境界达到了一定层次时才能恍然大悟。

每个时代都有千载难逢的机会带来超级红利，这是“稀缺性定律”造就的。人生的机会每十年一次，股市的机会每年十次，所谓“触目横斜千万朵，赏心只有两三枝”，有些交易者每天持仓的股票高达十几只，就不要谈稀缺性了。

所谓“稀缺性定律”，最基本的是看清“天下大势”，顺势者就是掌握稀缺性的一方。对个人来说，想要顺应时代，吃到时代红利，就要懂得顺势而为，能够利用现有条件创造出自己的稀缺性，同时分辨出谁掌握了稀缺性。

什么是稀缺性？前不久我有幸去了鲁迅先生的故居，跟朋友在孔乙己酒店吃饭，聊到了先生笔下的人物孔乙己。他是科举制度下的牺牲者，在四书五经中耗尽年华，沦落到求乞还不肯脱下象征着读书人的长衫，说起话来满口“之乎者也”，穷困潦倒却精神高傲，是为什么呢？因为当时民众的识字率很低，所以孔乙己才骄傲，光“茴香豆”的“茴”字他就会四种写法。鲁迅先生对这件事给了特写，塑造了孔乙己的人物形象。认识字在当时具有稀缺性。再举个例子：有一部电视剧，其中有个贯穿剧情的人物叫黑娃，力气大如牛。当时工业革命的农耕器械还没传到白鹿原上，黑娃干活比牲口还猛，力气大在当时具有稀缺性。

股市里千载难逢的机会具有稀缺性。市场上没有常胜将军，我们追求的是市场的高胜率，需要建立高胜率的交易体系，摒弃小概率事件。分析主力不如跟随主力，做市场分析是有必要的，但是过度分析是费力不讨好的。很多人分析主力资金的想法，分析出来的多数是个人的想法而已，未必是主力真正的想法。大资金操作一只股票的方式通常分为建仓、洗盘、拉升、出货这几个阶段，所以凡是不涨的股票，很多散户都觉得里面有主力。这种现象普遍存在于大部分人的认知里。要明白：多数个股随政策面、情绪面、周期面等情况自然涨跌。市场是个大群体，在这个群体里，大家的利益诉求是一致的，但是每一路资金都各怀鬼胎，资金级别和交易能力也不同，加上每个人对市场周期、市场情绪、市场机会的认知和交易模式的不同，所以大家一起抱团制造行情的机会并不会太多。每年真正的市场大机会总是稀缺的，值得用大仓位去交易的次数是有限的。如果将炒股理解到这个层次，你离赚钱就很近了。

拥有一夜暴富想法的交易者往往是在自找麻烦，甚至是自掘坟墓。《孙子兵法·计篇》有云："兵者，国之大事，死生之地，存亡之道，不可不察也。"股市就是一个没有硝烟的战场，它虽然不会在肉体上消灭你，却会对你的金钱构成巨大的威胁。有一位投资大佬曾经提出一个观点："在做交易的头十年里，你无法获得全部的知识学问，在第二个十年里也不能，只有到了第三个十年以后，你才能充分掌握关于市场的学问。"在我看来，这个观点虽然有点夸张，但至少可以让我们冷静下来，不要小看交易的艰难性，想要精通交易，两三年的时间那是远远不够的，时间能够帮助投资者认识市场的复杂性、积累交易经验、增强风险意识。最重要的是时间可以使交易者的内心从贪婪变得平淡、从狂傲变得谦卑、从感性变得理性。

（四）人间清醒

市场上有两种股民，一种是普通股民，一种是职业股民。这两种人在市场上赚钱的方式是不一样的。

第一种，普通股民。

普通股民在交易市场中只能赚强势周期的钱，在市场普涨行情中，赚钱的机会很少，只有在大牛市才有赚钱的机会。A股市场大部分时间处在结构市或熊市中，所以普通股民很难挣钱。

第二种，职业股民。

职业股民是赚技术的钱，无论牛市还是熊市，他们在大大小小的机会中，主动拥抱核心主线，不会简单地等待市场大涨行情。

什么是交易高手呢？就是能够在不确定的、随机的市场波动规律中，找到相对确定的、可以把握住的机会的股民，明白什么时候成功交易的概率最大、风险最小、回报最有利，什么时候应该退避三舍、静观其变的股民。

散户要坚定走技术分析之路。

不是只有牛市才有翻倍牛股，熊市里每年也会出现很多翻倍甚至翻几倍的牛股，但是不要试图从头到尾吃掉整段行情。牛股都是涨出来的，没涨出来之前谁都不知道它是市场牛，等很多“韭菜”发现它的时候，牛股往往已然站在高位等着接盘侠了，职业交易者也只是拿到属于自己的一部分。涨幅大的股票为什么换手率会很高？因为换手率高才成就了涨幅大，证明资金是一批一批承接的。

有人说很高的换手率是“死亡换手率”，这个观点肯定是片面的。看换手率不能不考虑流通市值。换手的“换”，换的是资金和筹码，市值大的股票参考换手率才有价值。看换手率也不能不考虑位置。低位的高换手率怎么可能是“死亡换手率”呢？明明就是起涨信号！股价拉升了30%～50%的时候，想要继续上涨肯定会出现大分化、大洗盘，甚至会出现恶意的洗盘。这时候的换手率就更高，更接近“死亡换手率”。如图3-1常山北明（000158）高换手率案例所示，该股某天的换手率高达45%，次日K线继续收红，这里就是在做资金承接，是十拿九稳的机会。如果股价再次拉升，又一次出现高换手率，剩下的行情基本是鱼尾行情了。吃鱼要吃中段，不要随意参与鱼尾行情。任何技术上的分析都要结合位置考虑，一切排除位置的分析，到最后都是一地鸡毛。在本书中我多次提到位置的重要性，一切处于高位的股

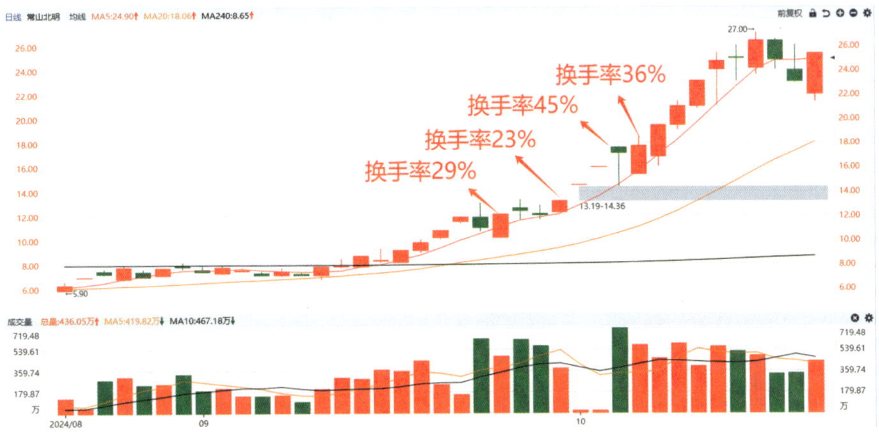

图3-1 常山北明（000158）高换手率案例

票都不适合大仓位操作，而超额收益主要靠大仓位来完成。位置和仓位成正比。

关于题材，如果你只盯着消息面是永远分不清主线、找不到主力的，特别容易被市场牵着鼻子走。股市是一个资本市场，资金最有发言权，任何题材热点、任何形态走势都是为资金服务的，撇开资金的引导说题材、论形态都是空谈。我们运用反包策略，本质上是做跟随。如何跟随题材？如何跟随主力呢？要善于利用题材内的标杆，观察题材的中军力量，找准一个题材的中军核心票，一旦行情启动，题材是不会很快熄火的，要学会审时度势，善于利用中军不连续涨停的属性，做好跟随。

如图 3-2 工业富联（601138）日 K 线走势所示，该股虽然不以连续涨停为目的，但是每次涨停后的回调都有利润可图，因为它的涨停代表的从来不是个股自身的行为，而是主力行为、资金行为和市场行为。它从来不是单独奋斗，而是与市场和题材共同前进。当然，我并不是引导你们去做市值大的股票，这一点不

图 3-2 工业富联（601138）日 K 线走势

能误解，我们只是通过市值大的股票发现大主力和大资金的位置所在，以便于我们快速捕捉市场动向，确认消息面和政策面的可靠性。对于大部分新手交易者来说，直接观察市值大的股票，思路比较明确和直接，不至于丈二和尚摸不着头脑。

在交易时要把握主流资金群体的直接动向，资金会直接反映到盘面上、个股中。所以炒作就是主力资金群体之间的博弈，一定要以资金博弈的角度立于市场，找消息就是找资金，找基本面也是找资金，找个股还是找资金，找题材更是找资金。得资金者得人心。

提高胜率从认识主力开始，认识主力就等于认识胜率，要从心理上克服来自低吸的恐惧。在某一期学员实践操作课上，我们共同观察了一只股票，该股票竞价无异常，开盘后瞬间下杀，这种时候要做好心理建设，不要将持有的股票低价出手。

如图 3-3 融发核电（002366）案例所示，模式内持有股票次日卖出也要做好交易策略，面对竞价无异常、开盘却瞬间下杀的个股不要盲目卖出兑现。主力资金的出货方式基本是一边拉升一边出货，下杀是最不容易出货的方式，主力资金冲高要跟随大资金顺势兑现利润。我们要做好交易的心理建设。人们在交易中极容易对上涨贪婪，对下跌恐惧，这是本性，并且不好克服，连牛顿、爱因斯坦等杰出人物在证券投资中都遭受挫败，可见在市场中保持理智和清醒是多么难能可贵。正如沃伦·巴菲特所说，在别人贪婪时恐惧，在别人恐惧时贪婪，成功的交易者必须学会克服心理上的弱点。

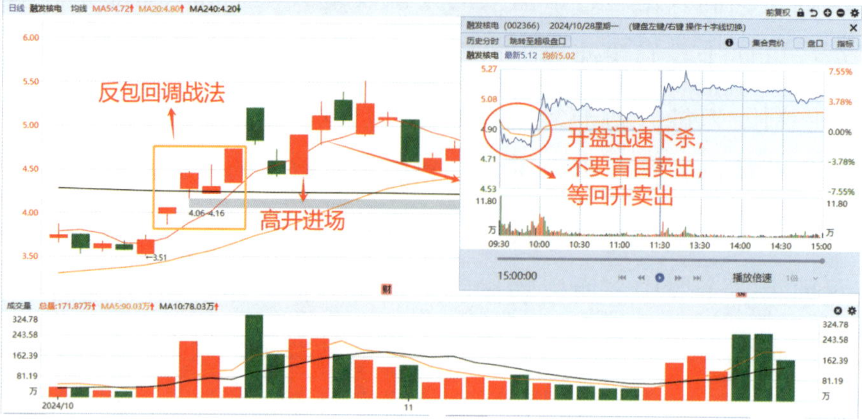

图 3-3　融发核电（002366）案例

图 3-4 奥瑞德（600666）案例充分体现了人性的弱点，在开盘下杀卖出或者冲高不兑现都是不明智的，短线交易以快进快出为主。在交易的征程中，我们只有不断审视自己的心理状态，认识人性的弱点，避开心理上的交易误区，才能在复杂多变的市场中保持冷静和理性。

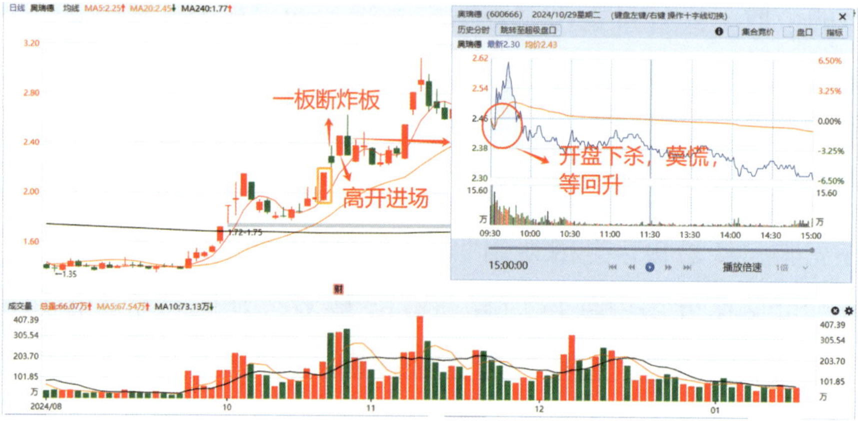

图 3-4　奥瑞德（600666）案例

从技术过渡到心理战术，关关难过关关过，最后才是众人皆醉我独醒的人间清醒法门。每年的大行情是有限的，值得大仓位去交易的机会必然是稀缺的。频繁操作的人必定频繁出错，频繁操作更像薄利多销，实则不赚钱。

任何大涨的板块或者个股，必然有主力资金引导和抱团，过多地分析主力，不如跟随主力。大批大批的资金进场肯定会留下很明显的痕迹，这些资金都会盘踞在大容量的题材和大容量的板块中。如果你没有明确的目标，就会出现盲目分析和过度分析，容易出现错误的交易。

杰西·利弗摩尔曾说，你是一流的输家，所以，你是一流的赢家。这位投机大拿一语道破了交易员注定是一个先失败后成功的职业。都市人的生活紧张而忙碌，每天都处于早出晚归的机械重负之中，没有尽头，结婚、生孩子、看病、旅行，哪怕是亲人离世都要请假，好像我们人生中所有的大事都要在工作的夹缝中完成，人生中最美好的阶段不是在读书就是在工作，这种生活确实有令人生厌的一面。而交易却是自由的，不用受外在的时间束缚，但是作为一名交易员，看似悠闲自在的另一面是我们必须时刻面对市场神秘莫测的不确定性以及由此带来的巨大金钱输赢，不得不忍受很多常人难以想象的精神压力。正如你渴望无拘无束地吃糖，但糖吃多了会引起牙痛。想要自由，就要懂得节制。如果市场如赌场，那我们也要力争做一个与众不同的“赌徒”。在交易市场中，行动上的自由必然会导致金钱的丧失和结局的不自由。自由不是任性，不是你想做什么就做什么，而是有约束的，如果你为所欲为，必然会受到市场的惩罚。

阿图尔·叔本华说，一棵大树想要到达天堂就必须进入最深的土壤，它的根必须进入地狱，深深的地狱，这样树顶就能到达天堂。树必须接触到两者：地狱和天堂。交易也是如此，必须接触地狱，才能到达天堂，即使到达了天堂，也是一面地狱、一面天堂，一半海水、一半火焰。

就安全性和可靠性而言，我们要做自己最熟悉、最有把握的行情。全修十八般武艺不如精通一门，对待这个本来就极为复杂的市场，用复杂的交易思路只会越分析越糊涂。要善于发现这个市场简单的一面，以简单的技术手段去分析和把握。这个市场不需要多么高深复杂的技术手段。自作聪明，往往聪明反被聪明误。构建一个交易体系、使用一套方法都必须在过程中不断调整。纸上谈兵的方法都会存在缺陷，在使用时，隐藏的问题就会暴露出来。就像呈现在大家眼前的这套反包策略，是经过时间修正的经典方法，目前市场上还没有专门指导反包战法的书籍，这可能是第一本。但天下没有完美的交易方法，这个市场永远不存在没有错误的技术和交易系统，妄想找到不犯错误的技术方法和交易系统，犹如白日做梦。想赚大钱，很多时候得亏点小钱，这是任何成功的交易方法的核心。

像沃伦·巴菲特这类高明的交易者，在长期的交易实践中，随着对市场和交易本质问题的理解，他们会建立一套适合自己个性特点的成功交易理论，具有自己独特的交易风格。

在实际的操作中，市场的走势总是一波三折，直上直下的行情很少，如果个股符合我们的条件，就要牢牢坚持自己的观点不变，不能对市场短时间内的风吹草动过于敏感，不要对自己持有股票的日内浮动亏损过于焦虑，更不能惊慌失措地胡乱斩仓。个股受题材和市场情绪影响会出现短暂的浮动亏损。我们要结合实际情况耐心等待，安心持有。

市场最大的不确定性来自波动，具体情况分为两种：下跌趋势中的反弹和上升趋势中的回落。

先说下跌趋势中的反弹，这类下跌大趋势我们是一定不能参与的。下跌中的反弹行情也不能参与，因为很容易被深套，有些股票一套就是 3 年。交易人生中，有几个 3 年可以挥霍？

再说上升趋势中的回落，有些新手交易者的操作就像被下了魔咒，经常出现“长期的下跌趋势不走，向上趋势卖飞”的情况。其实这个问题不难解决，都是趋势问题，大的趋势一旦形成，股价便只会在趋势内波动。

图 3-5 赣锋锂业（002460）日 K 线走势完美地诠释了上升趋势中伴随着回落，下跌趋势中伴随着反弹。

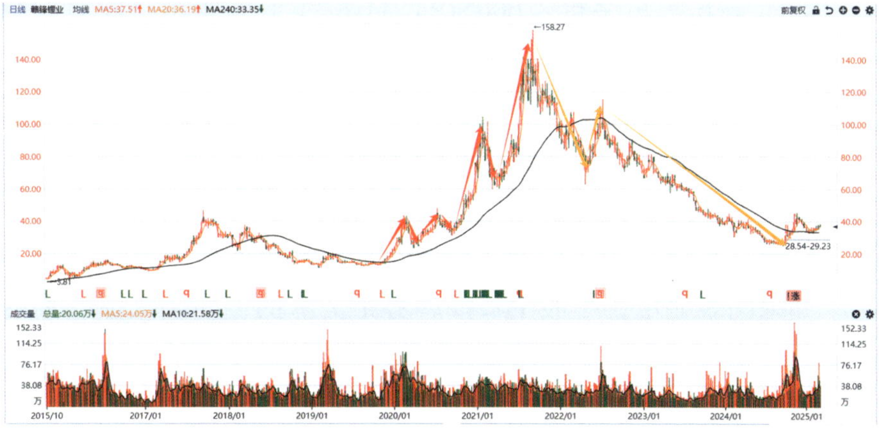

图 3-5 赣锋锂业（002460）日 K 线走势

举一个简单的例子，假如盘面上股票价格在下跌，而且看起来跌势很凶猛，空头好像很厉害，此时大部分交易者很可能立马加入空头的队伍，因此盘面上显示的股票价格还会继续下跌。你当然会恐惧，会看空，会割肉，却忽略了最关键的因素，没有考虑趋势，仅仅因为市场稍有风吹草动，盘面一出现下跌征兆，就草率出击，结果两边挨打。在情绪、心理、本能的影响下，经不住市场考验而做出不理智的买卖决策，这是一种感性的行为，缺乏足够的理性思考和外在的客观约束。

这类问题应该怎么解决？又该怎么避免？答案很简单，用一张图配合位置来寻找对策。股票的图表能直接反映个股总体趋势的关键信息，是判断个股趋势的重要依据，我们再结合个股的位置进行全面分析，将如同在挥动一把利刃斩除问题。

很多人喜欢贵州茅台（600519），我们来看一下贵州茅台（600519）的大趋势。

如图 3-6 贵州茅台（600519）日 K 线走势所示，此时股价不仅位置高，而且刚刚开启下跌趋势，在这种趋势下是不能布局的。在买入一只股票之前，要根据图表信息看清当前的趋势，根据图表分辨目前股价的位置，做好 K 线基本面的分析，而不是每天紧张地盯着盘面变化，依靠自己的感觉本能地杀进杀出。

如果图表显示，个股中长期趋势是上涨的，而当天或当期的盘面价格却在下跌，只要下跌的幅度在中期趋势可以容忍的范围之内，就不要轻易看空市场，而是逆着人性，逢低做多，这样你会在很大程度上避免追高杀跌。

如果图表显示，个股趋势处于下跌趋势中，而当天或当期的

图 3-6 贵州茅台（600519）日 K 线走势

盘面价格却在反弹，那也不能轻易上车。因为趋势一旦形成，是很难轻易被扭转的。着眼于趋势，交易心理和行为会变得相对稳定、靠谱，面对每天的盘面变化，不再神经兮兮，操作次数也会大大减少。

认准趋势，趋势只展现在图表之中、K 线之内，任何大趋势的反转绝对不会在几天时间内发生，真正的大趋势来临时，肯定会给人参与的机会，一定会回踩洗盘，让上涨更扎实，然后出现一个月以上的上涨。“浓汤野人”说过，无根浮盈空欢喜，未悟真经套中人。

（五）大道至简

在本书的最后一部分内容，我更愿意脱离技术和模式本身，跟大家谈趋势、谈图表、谈 K 线，交流一些有深度逻辑的内容。有些初学者很容易一头扎进技术里，往往忽略了对 K 线的分析，在情绪、题材、模式、技术之前，我们最先看到的是 K 线，所以对 K 线的分析很重要。

重点是对 K 线的位置和形态进行分析，好用的方法都不会很难，很难的东西肯定不好用，我对 K 线的应用就比较简单。

第一，看 K 线的位置。K 线所处位置反映个股未来的上涨空间，我不喜欢已经走出巨大行情的 K 线图形，那意味着行情已经在兑现，而不是主升。抛开技术不谈，我们通常认为 K 线的位置低，上涨的空间就高，但位置是相对的，不能单独分析，即位置低不等于未来一定会上涨，位置低一定要配合 K 线的趋势。

第二，看 K 线的趋势。我更看重 K 线的趋势，重点关注多头趋势，要从形态上、大势上一眼排除处于下跌趋势的股票，重视形态上强势的股票。对于形态，我还有一点秘密要透露给大家，我会看历史涨停板的情况，如果此股近期涨停板多，说明主流主力资金经常光顾它，资金是最有记忆的。

交易中最常用和最好用的技术指标是 K 线，所以我想让大家在学习完技术以后最终能回归到 K 线本身。市场中的大机会隐藏在大波动中，说直白点，股票涨多了就跌，跌多了就涨。对于下跌我从来是不惧的，因为交易最大的底气来自大势，而上涨来自周期、环境、题材等变动因素。阿基米德提出了杠杆原理，认为只要有一个支点和足够长的杠杆，就可以翘起地球。同样的道理，在大的上升趋势中，给我一个低点，我能把成本降下来，把仓位加上去。

我愿意把我的交易买卖点展示给大家，因为多数时候，我的交易图很完美、交易成功的关键在于人，要学会不断死死拿捏人性。如图 3-7 浙大网新（600797）案例分享所示，我的第一个 B 点（买点）其实是不完美的。在这个万变的市场里谁不是吃着行情的饭、端着技术的碗？多数的交易者都是饥一顿饱一顿的，没有天天上涨的行情，自然没有天天吃肉的交易者，买进一只股票，股价立马就上涨只是小概率事件，而出现浮动的亏损才是常有的事。这个时候市场就要求你除了要有技术，还要有强大的心理，更重要的还要你有仓位去化解你的风险，所以控制仓位的本质，应该就是化解风险、转危为安。

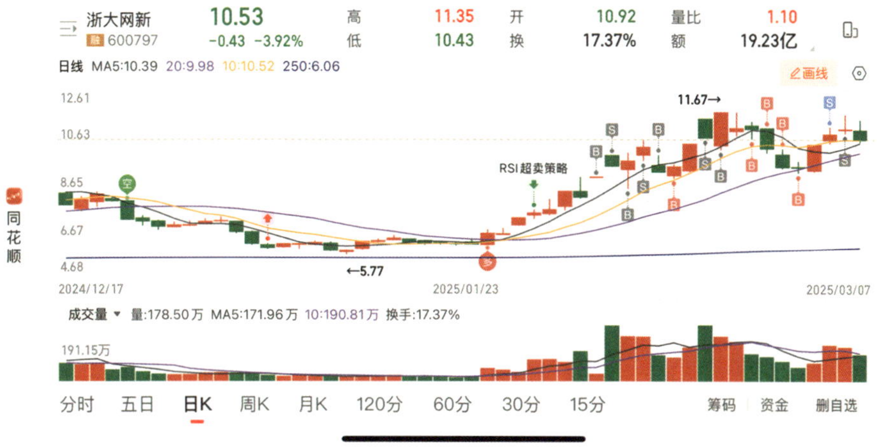

图 3-7 浙大网新（600797）案例分享

投资事业的成败有时候跟努力不成正比，在交易市场中有数不胜数的理由让你遭受巨大的亏损。很多问题不是投资者能控制的，交易实在不是一件容易的事，市场是恶魔的天堂、良善者的地狱，所以本书的技术内容大部分去繁从简，旨在让大部分读者读起来更直观、更清晰、更具体。

我见过的真正在股市里赚钱的人都是被逼出来的，大多数人都是置之死地而后生的。一个人没有进入过交易的绝境，没有经历过交易的万念俱灰，没有进入过一筹莫展的时期，没有体验过绝望，很难从交易里走出来。人只有到了绝境，才会大彻大悟。所谓技术、盈利、财富、尊严、道德、感情，它们就像玻璃一样，在你面前碎了一地，那些你无比仰仗的东西、无比依赖的技术，那些构成你前半生重要的东西，均一地稀碎，摆在你面前。你渐渐地从恐惧、绝望、冰冷到平静、接受，再到审视，你突然发现虽然它们碎了，可你依然是你，市场还是那个吃人不吐骨头的市场，只是那一层被你叫作技术的滤镜消失了，除此以外，一切都没有变化，你会发现整个世界是如此清晰和真实。这些碎片不再是你仰望的幕墙，它们将成为你脚下的台阶，让你飞得更高，跑得更远。